英日対訳

私はできる!
I CAN!

夢を実現する黄金の鍵

大川隆法
Ryuho Okawa

I Can! 私はできる!

―夢を実現する黄金の鍵―

Preface

This book will lead your future to success.

In a very simple way, I revealed the secret to how I, myself, became successful.

By reading this single book deeply, your success rate will increase by more than tenfold.

Of course, this teaching is just a part of God's teachings. But it is an exciting experience that you, yourself, can become a "small creator" through your faith in God.

I, myself, started from a small belief in myself, and became a world visionary with many believers in more than 100 countries all over the world.

まえがき

　この本が、あなたの未来を成功に導くだろう。
　とても簡単な語り方で、私は自分自身の成功の秘密をあなたに打ち明けた。
　この本一冊を熟読することで、あなたの成功率は十倍以上になるだろう。
　もちろん、この教えは、神の教えの一部にしか過ぎない。しかし、自分自身が、神への信仰を通して、"小さなクリエーター"になれるというのは、ワクワクする体験ではなかろうか。
　私自身、ささやかな自己信頼から始めて、全世界百カ国以上に数多くの信者を有するワールド・ヴィジョナリーとなった。あなたは本書の中に、

In this book, you can discover the basic theory for that.

Aug. 22, 2019
Master & CEO of Happy Science Group
Ryuho Okawa

その基本セオリーを発見できるだろう。

2019年8月22日
幸福の科学グループ創始者兼総裁
大川隆法

Contents

Preface 2

Chapter One
You Have the Power of God Within

1 What it Means to be a Child of God 14

2 The Kingdom of God Within You 22

3 The Possibility in Thinking 36

4 Dream On Behalf of God 42

Chapter Two
The Importance of Self-Help Thinking

1 God Helps Those Who Help Themselves 54

2 The Power from Heaven and
   the Power from Within 64

3 Separate Self-Help Thinking from Fatalism 70

目　次

まえがき 3

第1章
あなたの内なる神の力

1　「人間は神仏の子」という言葉の真意 15

2　あなたの内なる「神の王国」 23

3　ポイントは「思考の可能性」 37

4　神に代わって夢を描く 43

第2章
セルフ・ヘルプ思考の大切さ

1　神は自ら助くる者を助く 55

2　「天からの力」と「内側からの力」 65

3　「運命論」から切り離して考える 71

4 Environmentalism is Nothing But an Excuse 74

5 Accumulation Leads to "the Shift" 84

6 Bring Out the Diamond in You 90

Chapter Three
How to Become a Creative Person

1 You Need a Hidden Period for Production 96

2 The Power of Accumulation 104

3 Inspiration Comes As a Result of Your Efforts 112

4 Having Sacred Desire is the Starting Point 120

5 Focus On Your Strong Point 124

4　環境を言い訳にしない ……… 75

5　蓄積によって「シフト」が起きる ……… 85

6　「内なるダイヤモンド」を引き出す ……… 91

第3章

創造的人間となるためには

1　「雌伏(しふく)の時期」の大切さ ……… 97

2　「蓄積効果」の力 ……… 105

3　努力の果てにインスピレーションが臨む ……… 113

4　「聖なる願い」から始める ……… 121

5　一つの「強み」に集中する ……… 125

Chapter Four
I Can – The Key to Life's Golden Secrets

1 "I Can" is a Magical Phrase 132

2 The Key is to Take Control of Your Mind 136

3 What You Think is What You Are 144

4 Make Up Your Mind and Design a Beautiful
   Future 152

Afterword 164

* The lectures were conducted in English. The Japanese text is a translation.

第4章

私はできる―人生を黄金に変える秘密の鍵

1 「アイ・キャン」は魔法の言葉 133

2 「心のコントロール」が鍵 137

3 あなたが考えていることが、
   あなた自身である 145

4 決意を固め、自分の「美しい未来」を描く 153

あとがき 165

※本書は、英語による法話に和訳を付けたものです。

第 **1** 章

You Have the Power of God Within
(あなたの内なる神の力)

June 15, 2012 at Happy Science General Headquarters, Tokyo
(2012年6月15日　東京都・幸福の科学 総合本部にて)

Chapter 1 You Have the Power of God Within

1 What it Means to be a Child of God

The Christian and Buddhist interpretations

Today's subject is, "You Have the Power of God Within." It's a little different sound you feel from this subject, the theme. Why? You are just humankind, men or women. Why do you have the power of God within? Is it speaking too much? Are you highly appreciated? Is it too much? Will it invite punishment from the heavenly world? Are you going to be persecuted from Christian churches because I said, "You have the power of God within"? "You have the power of God within" means you look just like Jesus Christ.

第 1 章　あなたの内なる神の力

1 「人間は神仏の子」という言葉の真意

キリスト教と仏教の考え方の違い

　今日の演題は「あなたの内なる神の力」です。この演題、テーマには少し違和感を覚えるかもしれません。なぜでしょうか。みなさんは人間の男性または女性にすぎません。なぜ、神の力を内に宿しているのでしょうか。これは大げさな言い方なのでしょうか。過大評価でしょうか。言いすぎでしょうか。天罰が下るでしょうか。私が「あなたのなかに神の力が宿っている」と言ったために、みなさんがキリスト教会から迫害を受けてしまうでしょうか。「神の力を宿している」とは、イエス・キリストのようであるということだからです。

Chapter 1 You Have the Power of God Within

Historically, in Christianity, usually, "Son of God" means Jesus Christ only. However, the Japanese people easily accept the thinking that "You are the children of God," such kind of thinking, because they were taught in their history that they are children of Buddha. When they learned Buddhism that came from India through China, Korea, or south part of Asia, they learned like that.

Buddha historically taught that firstly, Buddha himself didn't start from Buddha, I mean the Awakened One, Savior, or God Himself. He recognized himself as one of the pursuers of the Truth. At the time, there were a lot of people who were seeking for the Truth of God or the Truth of Buddha. In India, more

第 1 章　あなたの内なる神の力

　歴史的に、キリスト教で「神のひとり子」と言う場合は通常イエス・キリストだけを指します。しかし、日本人にとって「あなたがたは神の子である」といった思想は受け入れやすいものです。日本人は歴史上、「自分たちは仏の子である」と教わってきたからです。仏教がインドから中国や朝鮮、あるいはアジアの南方を経由して伝わったときに、そう教わっています。

　歴史上の仏陀は、「仏陀は最初から仏陀として、すなわち覚者(かくしゃ)や救世主、あるいは神そのものとして出発したわけではない」と説いていました。「自分は真理の探究者である」というのが仏陀の自己認識でした。当時は数多くの人が、神の真理、仏の真理を求めていました。2500年以上前のインドでは、悟りを求めて精進(しょうじん)を重ねている人は、目覚めを得て、

than 2,500 years ago, when a person made great efforts to attain enlightenment, that person got awakened and had something in him or her to know the secret of the world and the secret of himself or herself. At that time, when the person became an Awakened One, that meant he or she became a buddha. It means he was just awakened. To be awakened means to become a buddha.

Someone with God-like nature within him

In other words, in the occidental context, it means to become the "Son of God" or something like that. The meaning of the Son of God, in this context, is someone who has almost the same nature of God within him. So, the oriental way

第 1 章　あなたの内なる神の力

世界の秘密や自己の秘密に関して自らの内に何らかの知識を得ることができました。その人が「目覚めたる者」となったその時が、「仏陀となった」ことを意味していたのです。要は「目覚めを得た」ということであり、「目覚める」ということが仏陀となるということの意味であるわけです。

神近き性質を宿している人間

　言葉を換えて、それを西洋的に言うとするならば、「神のひとり子」のような存在になるという意味です。ここで言う神のひとり子とは、「神近き性質を宿している人間」ということです。ですから、東洋的な考え方や悟りの方法は、西洋的な考え方や

Chapter 1 You Have the Power of God Within

of thinking and awakening are a little different from the occidental way of thinking and method of disciplining themselves.

But from a different standpoint of thinking, in Buddhism, there is also the attitude of democracy-like religion. So, Japanese people easily understand the words, "to be a child of God," but in the western history, people who devoted themselves to God or churches did not easily accept phrases like, "…who have the power of God within." They sometimes think that these are words of Satan or someone like that, these will lead you to the wrong way, or it will mislead you to hell. They usually think like that.

第1章　あなたの内なる神の力

修行方法とは少し違うものなのです。

　しかし、別の観点から見れば、「仏教には民主主義的な宗教という面もある」ということが言えます。ですから、日本人は「神の子である」と言えばすぐにわかるのですが、西洋の歴史においては、「神の力を宿している」というような言い方は、神や教会を熱心に信じている人たちには受け入れがたいものでした。「それは、サタンやそれに類(るい)する者たちの言葉であり、人々に道を誤らせて地獄へと導くものである」というふうに考える人もいます。そうした考え方が普通です。

2 The Kingdom of God Within You

Finding Truth, goodness, and beauty in you

But I really want to say to you that, "You have the power of God within" means that "You have the Kingdom of God within you." It is easier to understand than the words, "You have the power of God within." "You have the Kingdom of God within you" is a little easier for all of you. What does "the Kingdom of God" mean? "Kingdom" means the area or realm of God. Think deeply inside of you, and at that time, you will find something beautiful in your mind, something good in you, or finally something eternal.

2 あなたの内なる「神の王国」

内なる「真・善・美」の発見

　しかし、私がお伝えしたい真意はこうです。「あなたの内に神の力が宿っている」とは、「あなたの内に神の王国がある」ということなのです。この言い方のほうが、「内なる神の力」という言い方よりわかりやすいでしょう。「あなたの内に神の王国がある」と言うほうが、少しみなさん全員にわかっていただきやすいと思います。この「神の王国」とは、どういう意味でしょうか。王国とは「神の領域」ということです。自らの心の内を深く見つめたならば、そこに何か美しいものや善きものを見出し、ついには永遠なるものを見出すことができるでしょう。

Chapter 1 You Have the Power of God Within

Then, today, I want to talk to you about this kind of kingdom, area, or realm of God within you. What is "the Kingdom of God in you"? In religion, faith is the bridge from men to God. When you have ardent and deep faith in God, your mind will combine to the heart of God in heaven. It means you have goodness, beauty, or Truth in you. While you are keeping peaceful mind in you with good faith, you are near God, or in some meaning, you can be a neighbor to God, I want to say to you.

But you are sometimes easily disappointed with yourself because you, as a human, are apt to make a lot of mistakes and you've experienced a lot of disappointment in your own history. So, you'll feel hesitant to accept this kind of thinking.

第1章　あなたの内なる神の力

　そこで今日は、この王国、あなたがたの内なる神の領域についてお話ししたいと思います。「あなたの内なる神の王国」とは何を意味するのでしょうか。宗教においては、信仰は人間から神への架け橋です。神への篤く深い信仰心があるならば、あなたの心は天なる神の心と一体となることができます。すなわち、あなたの内に「善」があり、「美」があり、「真理」があるということです。良き信仰心を持ち、心の平安が保たれている限り、あなたは神の側近くにあり、ある意味で神の隣人となれるということを申し上げておきたいと思います。

　しかし、人は時として、自分に失望してしまいやすいものです。あなたがた人間はさまざまな間違いを犯しやすい存在であり、これまでの人生で数多くの失望を経験しているからです。ですから、そうした考え方を受け入れるのを躊躇することでしょう。

Chapter 1 You Have the Power of God Within

Of course, human beings have a tendency to make a mistake. There is an old saying, "To err is human, to forgive divine," which means that human beings usually make a lot of mistakes, but only God has the right to forgive them all. It's the traditional meaning of faith and the traditional acceptance of religion.

The creator in you

But now, from the end of the 19th century, through the 20th century, to the 21st century, man has different kind of power. It was found by some kind of •bright-side liking people, the people who aimed at making a successful life by their own

---

● A religious and philosophical movement called the New Thought movement occurred in the U.S. in the 19th century. Many of the groups are Christian, and they basically hold the positive thinking that "good thoughts lead to good things."

第1章　あなたの内なる神の力

　確かに、人間は間違いを犯しやすい存在です。昔のことわざに「過つは人の性、許すは神の心」という言葉があります。すなわち、「人間は多くの間違いを犯すものであり、神のみが、すべての人を許す権能を持つ」ということです。これが伝統的な意味における信仰であり、伝統的に宗教が受け入れられてきたスタイルです。

あなたのなかの〝創造主〟

　ところが現代では、19世紀の終わりから20世紀を通じ、そして21世紀において、人間は〝違った種類の力〟を持つようになっています。それは、物事の明るい面を好む人々によって発見されたものです。彼らは、自分自身の力によって人生の成功を

●物事の明るい面を好む人々……　19世紀アメリカで「ニューソート」と呼ばれる宗教・思想運動が起きた。多くはキリスト教を母体とし、「良いことを思えば良いことが起きる」という積極思考を中心的な考え方とする。

Chapter 1 You Have the Power of God Within

power, for themselves. Such kind of people were produced during the 20th century, and now, this is still going on especially in the United States of America. Such influence came to Europe, Japan, and some Americanized countries in the world.

So, here is one starting point you should stand when you are thinking about the Kingdom of God within you. This theory, in other words, says that you are what you are thinking about, and what you are thinking about all day long. Famous President Lincoln already knew about that. Of course, these are the famous words of Napoleon Hill, the philosopher of successful mind in growing rich. In the old times, the same thing was taught by Buddha, Socrates, Marcus Aurelius, and

第 1 章 あなたの内なる神の力

手にすることを目指した人たちです。そうした人たちが20世紀を通じて現れ、今も、特にアメリカ合衆国に出続けています。その影響がヨーロッパや日本、そして世界中のアメリカナイズされた国々に広がっています。

　ここが、「内なる神の王国」について考える際に立つべき出発点の一つです。この理論は、言葉を換えれば、「あなたとは、あなたが考えているところのものである。あなたが一日中考えているところのものである」ということです。かの有名なリンカン大統領も、このことを知っていました。もちろん、これは豊かになるための成功する心を説いた思想家ナポレオン・ヒルの有名な言葉でもあります。古くは、仏陀、ソクラテス、マルクス・アウレリウスなども同じことを説いています。これが心の本質です。

Chapter 1 You Have the Power of God Within

others like them. That is the essence of the mind.

You have a creator in you. This "creator," of course, doesn't mean you made the Sun, the Moon, the Earth, or the stars, that is too much. You can create these things in the planetarium, of course, but in reality, it's a little difficult, I guess. But you can imagine a lot of things in you, and what you imagine in you itself is the possibility of designing, building, and realizing, your plan or your dream.

Your dream is your life plan

"Dreams come true" is a truth. If you have the ability to dream in you, it means you have the

第1章　あなたの内なる神の力

　あなたのなかには〝創造主〟がいるのです。もちろん、この創造主とは、太陽や月、地球、星をつくったのがあなたであるという意味ではありません。それは言いすぎです。まあ、それらをプラネタリウムでつくることはできますが、現実にはなかなか難しいでしょう。ただ、あなたは心の中で、さまざまなものを思い描くことができます。あなたが心の中で思い描いたもの自体が、あなたの「計画」や「夢」をデザインし、つくりあげ、実現することができる可能性を意味しているのです。

夢はあなたの「人生計画」

　「夢はかなう」というのは真実です。あなたの心の中に夢を描く力があるということは、その夢を実

Chapter 1 You Have the Power of God Within

possibility to realize your dream. A dream is just the plan for your life. If you can dream, you can make plans in your life, and these plans will lead you to the future and make your future.

Your dream will make it easier for you to do your daily efforts. Because you have the final goal in you, you can clearly look at your final goal, so what is required of your efforts is limited. They are great efforts, I guess, but such great efforts, in your mind, must be limited because you already found your final goal thanks to your ability to dream.

If you can set your final goal, you can calculate how long or how intensely you should make

第 1 章　あなたの内なる神の力

現できる可能性があるということです。夢とは、あなたの「人生計画」にほかなりません。夢を描くことができるなら、あなたは自らの人生を計画することができます。その計画が、あなたを未来へと導き、あなたの未来をかたちづくっていくのです。

　夢があればこそ、日々の努力がしやすくなります。自らの内に「最終目標」があれば、その最終目標をはっきりと見据えることができ、どのような努力が必要であるかが明確になります。大変な努力が要るとは思いますが、その大変な努力の範囲が自分の心の中で明確になるはずです。「夢を描く力」のおかげで、「最終目標」がすでに明らかになっているからです。

　最終目標を設定することができれば、どれだけの時間をかけてどれくらい集中的に努力をすればい

Chapter 1 You Have the Power of God Within

efforts. So, you must divide those efforts day by day, and you should do your best in one day, the twenty-four hours. If you do, your dream will surely come true, in the near future or before you pass away from this world.

いか、計算が立ちます。その努力を一日単位に分割し、一日の枠の中で、つまり24時間の中でベストを尽くすことです。さすれば近い将来、あるいはあなたがこの世を去る前に、その夢は必ずかなうことでしょう。

Chapter 1 You Have the Power of God Within

3 The Possibility in Thinking

Imagine your final goal

Then, the point is the possibility in thinking. The possibility in thinking is the starting point to find the Kingdom of God within you. If you can think about the Kingdom of God in you, it means you can find your own destiny or your own final goal.

If you can imagine such kind of final goal, and shall this final goal be accepted by God, in other words, if God blesses your dream or your final goal, it means it is possible, indeed possible. If God welcomes you or your dreams, it will be possible to think like that. Your dream shall come true.

第1章　あなたの内なる神の力

3 ポイントは「思考の可能性」

自らの「最終目標」を描く

　ですから重要な点は、「思考の可能性」です。思考の可能性が、あなたの「内なる神の王国」を見つけるための出発点です。自らの内なる神の王国に思い至ることができたなら、あなたは自らの運命を知り、自らの最終目標を知ることができます。

　そうした「最終目標」を描くことができ、その最終目標が神に認めていただけるものであるならば、すなわち、神があなたの夢や最終目標を祝福してくださるならば、それは実現可能です。まさしく可能なのです。あなたの夢が神に喜んでいただけるものであるならば、そのように考えることが可能であり、あなたの夢はかなうことでしょう。

Chapter 1 You Have the Power of God Within

You are creating the world as a substitute for God

You have a possibility in you, the possibility in your thinking, the possibility of what you think about all day long. That is what makes the difference between one person and another. It will distinguish a person with religious personality from other common people.

If you can think about God in your mind every day, or all day long, it means you are sitting near God, and you are a substitute for God in creating this world. If it's a small part of the world or not, is not so great a thing. A small thing is a big thing, and a big thing is a small thing. Small people shall be greater people, and

第1章 あなたの内なる神の力

神に代わって世界を創造する

　あなたの内には可能性が存在しています。思考の可能性、「自分が一日中、何を考えるか」に関する可能性が、あなたのなかにあるのです。ここから、ある人と他の人の間の差が生じます。この点が、宗教的人格を持つ人と、その他の平凡な人を分けることになるでしょう。

　日々に神のことを考え、一日中、神のことを思うことができるならば、あなたは神の側近くに座りたる者であり、神に代わってこの世界を創造しているのです。それが世界の小さな一部にすぎないかどうかは、それほど大きな問題ではありません。小さなことは大きなことであり、大きなことは小さなことです。神の世界においては、「小さな者が大きくな

Chapter 1 You Have the Power of God Within

greater people shall be smaller people in the world of God.

So, just look inside your brain, heart, or mind, guess what you can be, and imagine that you are so. That possibility will mean that you can be a part of God. This is another meaning of the "Son of God."

So, it might be a little different from the historical Christianity or the concept of thinking of the Roman Catholic or another form of Christianity, but I think that Buddhism's "child of Buddha" is almost equal to the "child of God" in Christianity. "You have the power of God within" means "You have the power of Buddha within." It is a possibility.

第1章　あなたの内なる神の力

り、大きな者は小さくなる」でありましょう。

　ですから、ただただ自らの頭の中や心の中を見つめ、「自分がなれるかもしれない」と思えるものを見つけて、「自分は、そうであるのだ」と思い描いてください。その可能性こそ、あなたが神の一部となれることを意味しているのです。これが、「神のひとり子」のもう一つの意味です。

　これは歴史的なキリスト教や、ローマ・カトリックや他のキリスト教的な概念とは少し違うかもしれませんが、仏教で言うところの「仏子(ぶっし)」とは、キリスト教で言う「神の子」とほとんど同じことなのです。「あなたに内なる神の力が宿っている」とは、「内なる仏の力が宿っている」ということです。それは「可能性」のことなのです。

Chapter 1 You Have the Power of God Within

4 Dream On Behalf of God

Your power of imagination is the possibility of your soul

You have already received everything in you. You can, of course, imagine your miserable situation, inferiority complex, or disappointing self-history. It is easy to say so. But at the same time, you have a golden life with you. You have been given everything from God. You already received your own life, and this "life" means your soul.

You have a soul. It is the prerequisite for the idea, "You are a child of God." If you have a soul, it comes from God's will, and this means you

第1章 あなたの内なる神の力

4 神に代わって夢を描く

「想像力」こそあなたの魂の可能性である

　あなたは、すでに、すべてを受け取っています。もちろん、自分の置かれている悲惨(ひさん)な状況や劣等感、失意に満ちたこれまでの人生などについて思いを巡(めぐ)らせることはできるでしょう。それらを口にするのは簡単なことです。しかし、それと同時に、あなたは「黄金の人生」を手にしているのです。神からすべてを与えられています。自分の生命(いのち)というものをすでにいただいています。この生命とは「魂(たましい)」のことです。

　あなたには魂があります。それが、あなたが神の子であることの前提条件です。魂があるならば、それは神の心（意志）から来ているものであり、「あ

Chapter 1 You Have the Power of God Within

have a responsibility in this world to make the world a utopia instead of God doing the work himself.

So, you have a possibility, an imagining power. This imagining power means you have a possibility, and your possibility will lead you to the seat next to God.

Jesus Christ is a great person in history, and is almost God, of course, but he, himself, was historically a human. This kind of human awakened and received revelations from God, and awakened to the fact that he was a savior. At that time, he became the "Son of God," I think. Every religion thinks that it is the best one in the world, so Jesus Christ must be the best one in the history of humans in Christianity. It's OK

第1章　あなたの内なる神の力

なたがたには、この世において神の御業を代行し、世界をユートピアにする責任がある」ということなのです。

あなたには可能性があり、想像力があります。この「想像力」こそあなたの可能性であり、その可能性を発揮することで、あなたは「神の側近くに座りたる者」となっていくことでしょう。

歴史上、イエス・キリストは偉大な方であり、もちろん神近き方ではありましたが、歴史上のイエス自身は一個の人間でした。そうした方が目覚めを得て、神の啓示を受け、救世主としての自覚を持ったとき、「神のひとり子」となったのだと思います。どの宗教も自分たちが世界最高だと思っていますので、キリスト教においてはイエス・キリストが人類史上、最高なのでしょう。クリスチャンにとっては、神の力を与えられた人がイエス・キリスト一人だけ

Chapter 1 You Have the Power of God Within

for Christian people, that Jesus Christ is the only one who was given the power of God. It's possible to think like that. But there are a lot of religions in the world, and there are a lot of saviors in the world, historically.

With the power of God, everything is possible

So, I think the starting point is, what you are thinking in your mind. Look at that, and if you can think like how God thinks, it means you are a child of God and you have the power of God within.

This power of God leads you everywhere. Because you have love in you, you can love other people. It's one of the powers of God. You can have mercy on the miserable people, people who

であっても構いませんし、そのように考えることは可能です。しかし、世界には数多くの宗教があり、歴史上、数多くの救世主が存在するのです。

神の力があれば、すべては可能

ですから、「あなたが心の中で考えていること」が出発点であると思います。それを見つめてください。あなたが神の如(ごと)く考えることができるなら、あなたは神の子であり、神の力を内に宿しているのです。

この神の力があれば、あらゆることが可能です。自らの内に愛が宿っているゆえに、あなたは他の人を愛することができます。それは神の力のひとつです。不幸な人や、病気で苦しんでいる人、現在の内

Chapter 1 You Have the Power of God Within

suffer from illness, or people who are in great difficulties in inner-country conflicts nowadays. You can have compassion for them. It's also one of the powers of God, I think. You can give hope to them, you can assist and aid them to rebuild their own countries. You can share your dream with other people of foreign countries. It must be one of the powers of God, too.

Of course, when you study a lot in your life, you will naturally seek to get the real Truth. This tendency is included in your life.

第1章　あなたの内なる神の力

戦の中で大きな困難に襲(おそ)われている人たちなどに対する「慈悲の心」を持つことができます。彼らに「同苦同悲(どうくどうひ)の心」を持つことができます。それも神の力のひとつでしょう。彼らに希望を与え、彼らが自分の国を再建するための支援や援助をすることができます。そして、あなたの夢を他の国の人々と分かち合うことができます。それも神の力のひとつであると思います。

　そして、当然のことながら、人生の中で数多くのことを学ぶにつれて、あなたはおのずから「本物の真理」を求めるようになるでしょう。それは、あなたの人生に含まれていることなのです。

Chapter 1 You Have the Power of God Within

You have a tendency to get the Truth.

You have a desire to get the Truth.
You have an aspiration to get the Truth.
You have a dream
To have better and better dreams.
All these thinking attitudes belong to God.
So, you have the kingdom within you,
And you have the power of God within.
This means the possibility in dreaming.
Dream of God.
Dream on behalf of God.
Dream when you awaken to
Your own destiny.
That is the conclusion.

第 1 章　あなたの内なる神の力

あなたがたには真理を得ようとする傾向性があります。
真理を得たいという願いがあり、
その 志(こころざし) があります。
より良き夢を持ちたいという夢があります。

これらはすべて、神に属する思考態度です。
ゆえに、あなたがたには内なる王国があり、
内なる神の力が宿っています。
それは、「夢の持つ可能性」のことなのです。
「神の夢」です。
神に代わって夢をいだいてください。
自らの運命に目覚めたならば、
夢を描いてください。
それが今日の結論です。

第 2 章

The Importance of Self-Help Thinking
（セルフ・ヘルプ思考の大切さ）

May 31, 2012 at Happy Science General Headquarters, Tokyo
（2012 年 5 月 31 日　東京都・幸福の科学 総合本部にて）

Chapter 2 The Importance of Self-Help Thinking

1 God Helps Those Who Help Themselves

The Secret behind the Industrial Revolution in the U.K.

Today, I want to speak about "The Importance of Self-Help Thinking." It was requested from our International Division (currently International Headquarters) because a lot of people who are living in Africa and Asia are apt to think that faith is a given benefit from God, and that if you have some kind of faith, you can receive or expect some kind of benefit from God. "This is the style of religion," they are apt to think like that. But we, Happy Science, teach a lot of different contents in our teachings.

第2章 セルフ・ヘルプ思考の大切さ

1 神は自ら助くる者を助く

イギリス産業革命の秘密

 今日は、「セルフ・ヘルプ(自助努力)思考の大切さ」についてお話ししたいと思います。これは当会の国際局(現・国際本部)からのリクエストによるものです。アフリカやアジアの人たちの多くは、「信仰とは神によって与えられるご利益であり、何か信仰を持てば、神様から何かご利益をいただける、あるいは期待できる」と考えがちだからです。宗教とはそういうものであると彼らは考えがちなわけですが、私たち幸福の科学が説いている教えの内容には、それとは異なるものが数多く入っています。

Chapter 2 The Importance of Self-Help Thinking

First of all, I will teach you about the meaning of self-help thinking. There is a famous saying, "God helps those who help themselves." It's very famous. Today's lecture is regarding this saying, as you know.

Almost 140 years ago, in the early period of Meiji Restoration, there was one book which was brought from the United Kingdom and translated into Japanese. The famous book's name was *Self-Help*, written by Samuel Smiles, a British.

We, the Japanese people, have high evaluation for the Meiji Restoration. Before the Meiji Restoration, there was the Edo Bakufu regime, and in its last period, one of the most excellent

第２章　セルフ・ヘルプ思考の大切さ

　初めに、この「セルフ・ヘルプ思考」の意味についてお教えしたいと思います。「神は自ら助くる者を助く」という有名な言葉があります。非常に有名です。今日の説法は、この言葉に関するものであることが、おわかりでしょう。

　今から140年ほど前、明治維新(いしん)の初期のころになりますが、イギリスから日本に持ち込まれて日本語に訳された一冊の本がありました。その有名な本の名を『Self-Help』（セルフ・ヘルプ＝自助論）と言います。サミュエル・スマイルズというイギリス人が書いた本です。

　私たち日本人は明治維新を高く評価していますが、明治維新の前には江戸幕府体制があり、その末期に、ある非常に優秀な学生がイギリスに留学し、イギリスにおける産業革命の秘密や、なぜイギリス

Chapter 2 The Importance of Self-Help Thinking

students went abroad to the United Kingdom to study the secret of the Industrial Revolution in the U.K. and why it became the number one country at that time. His name was Masanao Nakamura, sometimes called Seichoku Nakamura. Mr. Nakamura studied hard, but he couldn't find the reason for the success of the U.K., the sudden and rapid growth and emergence of the United Kingdom in respect to its industry.

During his studying period occurred the Meiji Restoration, a famous, non-blood revolution that occurred in Japan. He was sent to the U.K. by the Edo Bakufu authority, so he had to come back to Japan, and when he said farewell to his friend in the U.K., he was given one book; it was *Self-Help*.

第2章　セルフ・ヘルプ思考の大切さ

が当時のナンバーワン国家になったのかを学びに行きました。彼の名は中村正直と言い、「ナカムラ・セイチョク」と呼ばれることもあります。中村氏は熱心に勉強したのですが、イギリスの成功の理由、その突然の急成長や、イギリスが産業面において台頭してきた理由がわかりませんでした。

　彼の留学期間中に明治維新が起きました。これは日本で起きた有名な無血革命です。彼は江戸幕府側によってイギリスに派遣(はけん)されていたので、日本に戻らなければならなくなり、イギリスの友人に別れを告げたところ、一冊の本を贈られました。それが『Self-Help』だったのです。当時のイギリスで10

Chapter 2 The Importance of Self-Help Thinking

It sold 100,000 copies in the U.K. at that time. It was a bestseller, but Mr. Nakamura didn't know about that book. He read this book, again and again in the ship, almost to the point where he could remember all the pages in it.

Almost all intelligent people of Japan had read *Self-Help*

When he came back to Japan, there had been proceeding a lot of revolutionary phenomena. So, he translated the book, *Self-Help* into Japanese at a rapid speed. This was very important. At that time, he translated "self-help" into Japanese to mean "aspiration," not "self-help," but "aspiration." He translated its theme as "The Aspiration of Western People."

万部も売れていたベストセラーでしたが、中村氏はその本を知りませんでした。彼は船の中で、その本を何度も繰り返して読み、どのページに書かれていることもほとんど全部覚えてしまったほどでした。

日本の知識人ほぼ全員が『Self-Help』を読んだ

　彼が日本に戻ったときには、革命的な様相がかなり進行していたので、彼はこの『Self-Help』を猛スピードで日本語に翻訳しました。これが大きかったのです。彼はそのとき、「Self-Help」を「立志(りっし)」と訳しました。「自助」ではなく「立志」です。本書の趣旨を『西国立志編(さいこくりっしへん)』と訳したのです。

Chapter 2 The Importance of Self-Help Thinking

At that time, the reading population, or people who can read books, was estimated at one million or so, and *Self-Help* was read more than one million copies, so it's said that almost all Japanese intelligent people studied this book. It was one of the main engines of the Meiji period, and Japan made a lot of progress through this book.

第2章 セルフ・ヘルプ思考の大切さ

　当時の読書人口、本が読める人の数は、百万人ほどだったと推定されていますが、この『Self-Help』の翻訳本は百万部以上読まれましたので、日本の知識人はほぼ全員、この本を学んだと言われています。これが明治時代の主たる原動力の一つとなり、日本はこの本によって大いなる発展を遂げたわけです。

Chapter 2 The Importance of Self-Help Thinking

2 The Power from Heaven and the Power from Within

A miracle occurs when the two powers combine

So, I dare say that you need religion, of course, and it requires belief, of course. Belief includes some kind of good news from God, or a miraculous phenomenon.

But in the beginning, I already said that God saves those who want to save themselves. It's true. There can be two kinds of directions of power. One is the power from heaven, which is a mercy of God, and the other one is the power which comes from within a human being, himself. These two powers combine into one

2 「天からの力」と「内側からの力」

二つの力が結びついたとき奇跡が起きる

 そこで、あえて申し上げます。人間は宗教を必要とするものであり、宗教においては当然、信仰が求められます。信仰とは、神からもたらされるところの何らかの福音や奇跡現象を伴うものです。

 しかし、すでに冒頭で「神は自らを救おうとする人を救う」とお話ししました。それが真実であり、二種類の力の方向があり得るのです。一つは天から来る力であり、それはすなわち「神の慈悲」です。そしてもう一つが、人間自身の「内側から来る力」です。この二つの力が合わさって一つの力となったとき、人生に奇跡が起きるのです。

Chapter 2 The Importance of Self-Help Thinking

power, and at that time, there appears a miracle in your life.

This world is a school

So, don't only wait for the good news or good phenomenon from God or heavenly world. You should do for yourself, as far as you can do. God also blesses you, who are aiming at succeeding in your lives by dint of your own ability or efforts. It will win the appreciation of God because you, human beings, come to this world as trainees who forget the real memory of heaven and who you were.

So, this life is the training period, this world is just a school of human life. In every school, teachers

第2章　セルフ・ヘルプ思考の大切さ

この世は「人生の学校」である

　ですから、神あるいは天上界から、イイシラセ（福音）や良き現象が来るのを、ただ待っているだけであってはいけません。自分自身の力で、やれるところまでやらなければ駄目です。自らの能力や努力によって人生の成功を目指そうとする姿勢は、神もこれを祝福し、喜んでくださるでしょう。なぜなら、人はみな、天上界にいたころの本当の記憶を忘れ、自分が何者であるかを忘れ、〝研修生〟としてこの世にやって来るからです。

　すなわち、人生とは〝研修期間〟であり、この世は「人生の学校」にほかなりません。学校である以

Chapter 2 The Importance of Self-Help Thinking

have to teach a lot of things regarding the Truth, but students also must study harder and harder on their side. These two efforts are very welcomed.

So, I want to say to the people who are apt to say that, "We are unhappy," "I am unhappy," or "Unfortunately I cannot succeed in my life," to stop speaking like that.

Just think about your efforts first, and there will follow the assistance or aid of gods after that. This is the importance of self-help.

第2章　セルフ・ヘルプ思考の大切さ

上、先生たちは真理について多くのことを教えなければいけませんが、生徒のほうも一生懸命勉強しなければいけません。この二つの努力が、非常に歓迎(かんげい)されるべきものなのです。

したがって、「私たちは不幸だ」とか、「私は不幸だ」「残念ながら、私は人生で成功することはできない」などと言いたがる人に対しては、「そういう言い方はおやめなさい」と申し上げたいのです。

まずは、自分で努力することを考えてみてください。さすれば、神々からのご支援や手助けは後からついてくるでしょう。それが、「自助努力の大切さ」ということです。

Chapter 2 The Importance of Self-Help Thinking

3 Separate Self-Help Thinking from Fatalism

Do good things, but refrain from doing bad things

Secondly, self-help thinking must be separated from fatalism. Fatalism is one of the beliefs that say your fate in this world had been determined already when you were born in this world. This is fatalism.

People say that it's difficult to change your fate because it's already determined, but I usually say that we have the laws of cause and effect. The laws of cause and effect mean that if you do good things, you can receive good things, and if you do bad things, you will be punished in some way. So,

3 「運命論」から切り離して考える

善を行い、悪を控(ひか)える

　二番目として、セルフ・ヘルプ思考は「運命論」から切り離さなければなりません。運命論とは、「この世における自分の運命は、この世に生まれてきたときに、すでに決定されている」と信じることです。これを運命論と言います。

　「運命はすでに決定済みなので、変えるのは難しい」と言う人がいます。しかし、私は通常、「原因・結果の法則（因果(いんが)の理法(りほう)）」というものがあることを説いています。因果の理法とは、「善(よ)いことをすれば善いものを受け取ることができ、悪いことをすれば何らかの形で罰(ばつ)を受ける」ということです。で

Chapter 2 The Importance of Self-Help Thinking

do good things and hesitate to do bad things, and there will appear your real consciousness. Your real consciousness will lead your life to a better one.

So, please keep distance between self-help thinking and fatalism. The attitude is very important. If there is fatalism or not, or if it is true or not, don't think too much about that; just think about self-help thinking.

第2章　セルフ・ヘルプ思考の大切さ

すから、善いことをし、悪いことをするのは控える(ひか)ことです。そこに、あなたの真なる意識が現れてきます。この真なる意識が、人生をより良いものへと導いていくのです。

　どうか、「セルフ・ヘルプ思考」と「運命論」との間に距離を置くようにしてください。この姿勢が非常に大切です。「運命論というものはあり得るのか」とか「運命論は正しいのか」などと、あまり考えすぎないことです。セルフ・ヘルプ思考だけを考えるようにしてください。

Chapter 2 The Importance of Self-Help Thinking

4 Environmentalism is Nothing But an Excuse

You already knew about your environment before you were born

Thirdly, next to fatalism comes environmentalism. It is a theory that says human beings should be conditioned by environment because they cannot choose their birthplace, meaning the country, or their parents, brothers and sisters, friends, or the occupation of their parents.

This kind of thinking is usual nowadays, but I already taught that, before you came from heaven, you already knew about your environment and your birthplace—your human condition—when

第2章 セルフ・ヘルプ思考の大切さ

4 環境を言い訳にしない

人は環境を知って生まれてくる

　三番目に、運命論の次なるものとして「環境決定論」があります。すなわち、「人間は環境によって条件づけられるものである。なぜなら、自分が生まれる国や親、兄弟姉妹、友人、親の職業などを選ぶことはできないからである」という理論です。

　現代では、こうした考え方が普通ですが、私はすでに、「人は天国から生まれてくる前に、環境や生まれる場所など、生まれてくるときの人間としての条件を、すでに知っている」と説いています。した

you were born. So, it's just an excuse, it leads you nowhere. It's not a successful attitude. You can explain about your bad environment, breeding atmosphere, or as a result, your educational background, or your money background, things like that. But these are just complaints.

You can choose a lot of ways, and you need to make decisions at that time. If you have an aspiration—in this context, it means self-help thinking—to do something, you can open your way to success.

You can gain knowledge even if you have no educational background

For example, one point is your educational background. It is sometimes used as an explanation

がって、それ（環境決定論）は言い訳にすぎません。そんなことを考えても何の役にも立ちません。成功につながる態度ではありません。自分の劣悪な環境や、育った雰囲気、その結果としての学歴、経済的背景などについて説明することは可能ですが、それらは単なる愚痴にしかすぎないのです。

　人は、さまざまな道を選ぶことができます。その際に必要なものは、「決断」です。何事かをなさんとする志があるならば、ここで言う「志」とは「セルフ・ヘルプ思考」のことですが、成功への道は切り拓いていけるものなのです。

学歴がなくても知識は得られる

　たとえば、学歴についてもそうです。自分が出世できないことの説明や、大企業に入れないこと、給

Chapter 2 The Importance of Self-Help Thinking

of your being unpromoted, as the reason you cannot enter a great company, for your having low salary, or things like that.

But please look back on history and remember, for example, President Lincoln or Thomas Edison, and in Japan, Konosuke Matsushita. Mr. Matsushita could not finish elementary school, but he made a worldwide company, now the well-known Panasonic. So, even if you don't have enough educational background, it's just an excuse.

If you want knowledge, you can get it. Wisdom is very welcomed these days, but wisdom comes from a lot of knowledge; knowledge can be learned by studying; and studying means reading a lot of books or getting a lot of information.

料が安いことなどの理由として、「学歴」が持ち出されることがあります。

　しかし、歴史を振り返ってみれば、たとえばリンカン大統領やトーマス・エジソン、日本には松下幸之助がいたことを思い出してください。松下幸之助氏は小学校すら卒業することができませんでしたが、世界的企業を創業しました。それが今の有名なパナソニックです。ですから、たとえ学歴が足りないとしても、それは単なる「言い訳」にしかすぎません。
　知識を得たいと思えば、得ることは可能です。昨今は智慧が非常にもてはやされていますが、「智慧」とは数多くの知識から生まれるものであり、「知識」は勉強して得ることができます。そして「勉強」とは、大量の読書や情報収集のことです。ですから努

So, it depends on your effort. Make effort to get knowledge. It's important.

Ideas come from knowledge, experience and adversity

The next energy of the future society is not oil, gas, plutonium, or things like that. The next energy must be ideas. Ideas will make new industries, so you must seek to get ideas.

Ideas come from knowledge, or accompanied by knowledge, and grow through experience. What kind of experience do you imagine? This "experience" is a sort of adversity, meaning a bad condition or unusual difficulty. If

郵便はがき

1 0 7 - 8 7 9 0
112

料金受取人払郵便

赤坂局 承認
7320

差出有効期間
2025年10月
31日まで
(切手不要)

東京都港区赤坂2丁目10-8
幸福の科学出版(株)
読者アンケート係 行

|ıl|ı|ı·ıl|ıll|ıllıll·ıl|ılıl|ı|ı|ı|ı|ı|ı|ı|ı|ı|ı|ı|ı|ı|ıll|

ご購読ありがとうございました。お手数ですが、今回ご購読いただいた書籍名をご記入ください。	書籍名		
フリガナ お名前		男・女	歳
ご住所 〒		都道府県	
お電話 ( ) −			
e-mail アドレス			
新刊案内等をお送りしてもよろしいですか? [はい(DM・メール) ・ いいえ]			
ご職業	①会社員 ②経営者・役員 ③自営業 ④公務員 ⑤教員・研究者 ⑥主婦 ⑦学生 ⑧パート・アルバイト ⑨定年退職 ⑩他( )		

プレゼント＆読者アンケート

皆様のご感想をお待ちしております。本ハガキ、もしくは、右記の二次元コードよりお答えいただいた方に、抽選で幸福の科学出版の書籍・雑誌をプレゼント致します。
（発表は発送をもってかえさせていただきます。）

1 本書をどのようにお知りになりましたか？

2 本書をお読みになったご感想を、ご自由にお書きください。

3 今後読みたいテーマなどがありましたら、お書きください。

ご感想を匿名にて広告等に掲載させていただくことがございます。
ご記入いただきました個人情報については、同意なく他の目的で使用することはございません。
ご協力ありがとうございました！

力次第であり、努力して知識を身につけることが大事です。

「知識」「経験」「逆境」から「アイデア」が生まれる

　未来社会における〝次なるエネルギー〟は、石油でもガスでもなければ、プルトニウムなどでもありません。次なるエネルギーは「アイデア」でなければなりません。アイデアから「新しい産業」が生まれます。ですから、アイデアを探し求めなければなりません。

　アイデアは「知識」から生まれます。あるいは、知識を伴いながら、「経験」を通して育つものです。どういった種類の経験を想像されるでしょうか。その経験とは、一種の「逆境」です。すなわち、悪条件や、普通でない困難のことです。知識を使って、

Chapter 2 The Importance of Self-Help Thinking

you can get through an unusual condition or a bad condition through your knowledge, "knowledge is power" and it will turn into wisdom at that time.

Ideas come from knowledge, and knowledge comes from reading and experience. These are available through your daily efforts. It's very important.

Do nothing and you will get nothing. Do anything and you can expect something you want to get. Your effort will not be fruitful in a short period, but in the long run, it will bear fruits. So, make efforts every day, day by day. It's very important.

第2章　セルフ・ヘルプ思考の大切さ

普通でない悪条件を乗り越えることができたなら、「知は力」であり、そのとき知識は智慧に変わるのです。

　アイデアは「知識」から生まれ、知識は「読書」や「経験」によって得ることができます。これらは、「日々の努力」によって手にすることが可能です。これが非常に大切な点です。

　何もしなければ、何も得ることはできません。何かをすれば、自分が望むものを手に入れることが期待できます。努力は短期的には実を結びませんが、長期的には実りをもたらします。ですから毎日、日々に努力してください。それが非常に大切です。

Chapter 2 The Importance of Self-Help Thinking

5 Accumulation Leads to "the Shift"

Life is a succession of "todays"

The most important thing is that life is successive days of one day, or "today." Yesterday was "today" of the day before, today is "today," and tomorrow is "today" of the next day. Therefore, life is like the chain of "todays," that is what I mean.

So, the next word I must say is "accumulation." The importance of accumulation, I cannot emphasize enough. If you get one knowledge, it might not produce a lot of fruits, but if you get knowledge day by day and accumulate it, there should come the tipping point.

第2章　セルフ・ヘルプ思考の大切さ

5　蓄積によって「シフト」が起きる

人生とは「今日」の連続である

　最も大切なのは、「人生とは、一日すなわち『今日』の連続である」ということです。昨日は一日前の「今日」であり、今日は「今日」であり、明日は次の日の「今日」です。ゆえに、人生とは言わば「今日」の連鎖であるということです。

　そこで、次に申し上げなければならないのは「蓄積」という言葉です。蓄積の大切さは、いくら強調しても、しすぎることはありません。一つの知識を得ただけでは多くの果実を生むことはありませんが、日々に知識を身につけ、知識を蓄積すれば、やがてティッピング・ポイント（転換点）が来るでしょう。

Chapter 2 The Importance of Self-Help Thinking

You need only effort, day by day

"The shift" will occur at that point, on that day. Someday, it will make the shift occur. The shift is the change in your life, change in your mind, and change in your attitude. At that time, you can turn to a different direction and will become a different person.

The shift will occur. It's a "quantum moment," the words of Dr. Wayne Dyer. Quantum moment comes from "quantum leap" in physics. Sometimes, your accumulation of knowledge will turn into quite a different one, and at that time, bear beautiful fruits. No one knows the time, or when it will occur, but someday, there must be that kind of a shift. The shift time will come, and you can be a different person at that time.

第2章　セルフ・ヘルプ思考の大切さ

必要なことは「日々の努力」に尽きる

　そのとき、その一日で、「シフト（変化）」が起きます。いつかはそれがシフトを引き起こすのです。シフトとは「人生の変化」であり、「心の変化」であり、「あなたの生きる姿勢の変化」です。そのとき、あなたは方向性を転換することができ、それまでとは別の人間になるのです。

　シフトは、起きます。それは「クォンタム・モーメント（飛躍的瞬間）」です。これはウェイン・ダイアー博士の言葉ですが、「飛躍的瞬間」という言い方は物理学で言う「量子的飛躍」からきています。あなたが蓄積した知識が、まったく別のものに変わり、見事な果実を結ぶことがあるのです。それがいつ起きるかは誰にもわかりませんが、いつの日か、そのようなシフトが起きるはずです。シフトのときが訪れ、そのとき、あなたは別人になることができ

Chapter 2 The Importance of Self-Help Thinking

You need only effort, day by day, and your effort will produce you a lot of ideas. Ideas are the next energy of the next, coming age. Ideas will be the new, added value to your work—you must get ideas by getting different viewpoints in your life.

るのです。

　必要なことは、「日々の努力」に尽きます。努力によって数多くのアイデアが生まれます。「アイデア」こそ、来たるべき次の時代の、〝次なるエネルギー〟です。アイデアが新たな、仕事における付加価値となるのです。人生を通じて、さまざまな物の見方を身につけ、それによってアイデアを得ていかなければなりません。

Chapter 2 The Importance of Self-Help Thinking

6 Bring Out the Diamond in You

Believe in self-help thinking

So, self-help thinking means "how to educate yourself." The English word "educate" originally comes from Latin that means "to pull out something valuable that is inside of you." Education is the act of pulling out your diamond that is inside of you. So, self-help thinking will make you greater and greater, and you can become quite a different person.

I, myself, have accumulated a lot of knowledge through these 55 years, and this accumulation of knowledge made me quite different from other people. I have a lot of resources for ideas. I'm one

第2章　セルフ・ヘルプ思考の大切さ

6 「内なるダイヤモンド」を引き出す

「セルフ・ヘルプ思考」を信じよ

　セルフ・ヘルプ思考とは、「いかに自分自身を教育するか」ということです。英語のeducate（教育する）という単語は、もとはラテン語からきており、「内なる、価値あるものを引き出す」という意味です。教育とは、あなたの内なるダイヤモンドを引き出すことなのです。セルフ・ヘルプ思考によって、あなたはもっともっと素晴らしい人間となり、まったく別人になることができるのです。

　私自身も、この五十五年間、数多くの知識を蓄積してきました。この知識の蓄積のおかげで、他の人々とまったく違った人間になることができました。私には、アイデアを生む源泉（げんせん）が豊富にあります。

Chapter 2 The Importance of Self-Help Thinking

of the most resourceful people in Japan and in the world. It comes from my daily efforts.

Your daily efforts and your accumulation of knowledge will change your life in the near future. The shift will occur at that time, and you can be quite a different person. You can lead a successful life at that time.

So, please believe in self-help thinking. You should part from fatalism. You should part from environmentalism. You should stop explaining about something, stop speaking ill of others, and stop seeking for reasons of your unhappiness. You can make yourself better and better by dint of your own efforts. I promise this Truth.

日本のなかでも世界的に見ても、最も発想力が豊かな人間の一人です。それは、日々の努力からきているものです。

　あなたが日々に努力し、知識を蓄積していくならば、近い将来、自分の人生を変えることができます。そのとき「シフト」が起き、あなたはまったくの別人となり、人生に成功することができるでしょう。

　どうか、「セルフ・ヘルプ思考」を信じてください。運命論とは決別すべきです。環境決定論とも決別すべきです。あれこれと言い訳するのをやめ、他人の悪口を言うのをやめ、自分が不幸である理由を探すのをやめることです。あなたは自らの努力によって、もっともっと素晴らしくなっていくことができます。それが真実であることをお約束したいと思います。

第 **3** 章

How to Become a Creative Person
(創造的人間となるためには)

August 26, 2011 at Happy Science General Headquarters, Tokyo
(2011 年 8 月 26 日　東京都・幸福の科学 総合本部にて)

Chapter 3 How to Become a Creative Person

1 You Need a Hidden Period for Production

Cicadas live in the earth for several years just to live on the surface for seven days

It is late summer in Japan. There sounds a lot of music of cicada around here. I had one idea this morning that these cicadas, or *semi* in Japanese, have been living in the earth for several years and after that, they appeared to the surface of the soil, the earth. That is when, for the first time, they met the scenery of the surroundings and the environment of the earth, and saw sunshine.

However, it is said that they can live for only seven days in this earthly world. There was

第3章　創造的人間となるためには

1　「雌伏の時期」の大切さ

蟬は地上の七日間のために地中で数年過ごす

　日本は今、夏の終わりです。この近くでも蟬の鳴き声が盛んに聞こえていますので、今朝、一つのアイデアが思い浮かびました。蟬は土の中で何年間か生き、その後、地上に出てきて、初めて周りの景色や地上の環境に出合い、太陽の光を目にしたわけです。

　しかし、彼らは地上では七日間しか生きられないと言われています。今年（2011年）、「八日目の蟬」

Chapter 3 How to Become a Creative Person

a movie this year (2011), its name was literally *A Cicada of the Eighth Day*, or for the Japanese people, *Youka-me-no-Semi*. Since a cicada lives for only seven days, on the eighth day, it is almost a dead body or must be dead. It means the last day of the character's life.

The inspiration from the story was that, when we can make or produce something profitable, meaning something which adds some value we have not created till now, we need a hidden period for the preparation of production. Even cicadas need several years before they can fly around the earth and in the air, sing a lot of music, and produce the atmosphere of the late summer for one week. We, human beings, cannot understand

第 3 章　創造的人間となるためには

という映画がありましたが、蟬は七日間しか生きられないので、八日目の蟬というのは死にかけている、あるいは、すでに死んでしまっているということであり、登場人物の〝人生最後の日〟を意味しているわけです。

　この話から得たインスピレーションとして、私たちが何か有益なもの、これまで創造されたことのない何らかの価値を付け加えることができるものを創り出せるようになるには、それを生み出す準備のための「雌伏の時期」が必要です。あの蟬たちでさえ、地上や空を飛び回り、声を限りに歌を歌い、一週間にわたって夏の終わりの風情を演出することができるようになるまでには、数年間の歳月が必要です。私たち人間には彼らが奏でている曲の意味はわかり

their music, but they will tell you that, "Your last day is coming. What is your question or your problem? You must solve the problem before the end of the day." They want to tell you about that. If you want to tell the answers of your workbook of life, you need a lot of years to prepare to make a music of your life and sing it to other people for them to hear.

It took me 30 years to be able to give all kinds of teachings

So firstly, I dare say that today's theme is "How to Become a Creative Person," and the first point of this theme is that you need a hidden period for preparation to create something important for human beings.

ませんが、蟬たちは、「最後の日は近い。何があなたの問題なのか。その日が終わる前に、その問題を解かなければならない」と教えてくれるでしょう。自分の「人生の問題集」に対する答えを出したいと思ったら、「自分の人生」という名の音楽を作曲し、それを歌って人々に聞いてもらうために、長い準備の年数を経る必要があるのです。

あらゆる教えを説くための三十年の歳月

 そこで、まず初めに、本日のテーマは「創造的人間となるためには」ですが、その一点目として、あえて申し上げたいことは、「何か人類にとって大切なものを創造するためには、雌伏の準備期間が必要である」ということです。

Chapter 3 How to Become a Creative Person

For example, if you are working for a religious group, and if you want to become good and well-known religious people who can make great influence on other people, you need a lot of preparation for that. You need many years of studying, of course. Like the cicadas, you need several years for only seven days of music.

As for me, I studied about the spiritual world for more than 30 years, and now I can tell you from a lot of angles about the spiritual world and the teachings. It took 30 years, even for me, to teach a lot of things from a lot of standpoints. So firstly, you need hidden periods for preparation to become a great person, which includes becoming a creative person.

たとえば、みなさんが宗教団体に奉職(ほうしょく)しているとして、他の人々に大きな影響を与えることのできる、立派な、名のある宗教家になりたいと思うなら、数多くの準備が必要となります。当然、長年の勉強も必要です。蝉のように、たった七日間だけ鳴くためにも何年もの歳月が必要なのです。

私自身、霊的世界について三十年以上研究してまいりました。今では、霊的世界のことや教えについて、さまざまな角度から説くことができるようになっています。私であっても、あらゆる視点から数多くの教えが説けるようになるまでに三十年かかっているのです。ですから、まずは、創造的人間になることも含めて、立派な人間になりたいと思えば、人知れず準備を積み重ねる期間が必要です。

Chapter 3 How to Become a Creative Person

2 The Power of Accumulation

Study Buddha's Truth and collect information

What is a creative person? It is a person who assists or makes some efforts to create a brave new world. If you are old-fashioned people, you cannot make anything, and you can add almost nothing to this world. In the world from now on, you can produce any products regarding Buddha's Truth. So firstly, you are required, in other words, waiting time, and during that time, you are required to make a lot of effort.

This effort, of course, means to study Buddha's Truth. In addition to that, I dare say that you must know a lot of new intelligence about this world.

2 「蓄積効果」の力

仏法真理の学習と情報収集の努力を

　創造的人間とは、どのような人でしょうか。それは、「素晴らしき新世界をつくるための力になる人」であり「そのために努力する人」です。古いタイプの人間は何も創り出せず、この世界にほとんど何も付け加えることはできませんが、これから先の世界においては、仏法真理に基づいて、どんなものでも創り出すことができます。言葉を換えれば、まずは「待ちの時間」が必要であり、その間に数多くの努力精進を積み重ねていくことが求められるわけです。

　この努力精進とは当然、仏法真理を学ぶことでもありますが、それに加えて、「この世の新しい情報を数多く知らなければならない」ということも特に

Chapter 3 How to Become a Creative Person

It's the beginning of a new world, and of course, ancient history of the world regarding Japan and other countries. If you are oriented to start *dendo* (missionary work) to foreign countries, you must know about their histories, of course, and about their thoughts and opinions.

A small piece of hour will make you greater

So, the second point I want to say is that you are required to know a lot of things. It is easier said than done. It is easy to say to study harder and harder, but not so easy to do.

It's everyday work. You must believe in the accumulative power, the accumulative effects of studying. Every day, each day, you study, for

第3章　創造的人間となるためには

言っておきたいと思います。今は新しい時代の始まりです。また、日本や他の国に関する古い時代の世界史も当然、知っておかねばなりませんし、海外伝道を志（こころざ）しているのであれば、やはり、それらの国の歴史や思想、意見についても知っておかねばなりません。

細切（こまぎ）れの時間が偉大な人物をつくる

したがって、二点目に申し上げたいのは、「多くのことを知る必要がある」ということです。これは言うは易（やす）く、行うは難（かた）しです。「さらなる勉強を続ける」というのは口で言うのは簡単ですが、それを実行するのは決して簡単なことではありません。

これは日々の努力です。学習における蓄積の力、「蓄積効果」を信じなければいけません。毎日毎日、たとえば十分、十五分の勉強を重ねるのは、遅々た

Chapter 3 How to Become a Creative Person

example, 10 minutes or 15 minutes. This is a slow walk and you can make a little result from that, but another day, another year, two years, or three years shall pass like an arrow, so at that time, you will have become quite a different person, and you will have a lot of knowledge regarding what you are oriented to.

So, please believe in the cumulative effect or cumulative power. Don't disregard or think little of that. It's very important. I, myself, made such kind of small efforts every day in these 30 years, and it led me to teach you a lot of stories, including English speeches.

So, I must tell you that the small piece of hour is very essential for you to improve yourself and to make you greater and greater. If you disregard

る歩みであり、成果はほんの少ししか得られませんが、一年、二年、三年と時間は矢のように過ぎ去り、ある日、まったくの別人になっているはずです。自分が志したことについて、多くの知識が身についていることでしょう。

　どうか、この蓄積効果、蓄積の力を信じてください。この点を見過ごしたり、軽く見たりしてはいけません。ここが非常に重要な点です。私自身、そうした小さな努力をここ三十年間、毎日続けてきました。だからこそ、英語説法を含めて、多くの話ができるようになったのです。
　ですから、みなさんが自らを向上させ、より大きな人物となっていくためには「細切れの時間」がきわめて大切であるということを言っておかなければ

Chapter 3 How to Become a Creative Person

such small part of time, "This is just 10 minutes," "This is just 15 minutes," or "I can do nothing, it's a disposable time, so I cannot think much of that time. I can have fun at that time," it's easy for you, but it leads you to the common person, usual person who lives anywhere around the world.

These small accumulations will lead you to become a greater leader, so don't forget about that. You must know this cumulative effect of your time and efforts. It is very important.

第3章　創造的人間となるためには

なりません。こうした細切れの時間を軽視して、「十分しかない」「十五分しかない」「どうせ何もできやしない。何に使ってもいい時間なんだから、大げさに考えても仕方がないので楽しめばいい」と考えるのは、たやすいことですが、それは凡人への道であり、世間のどこにでもいる普通の人間になることしかできません。

　そうした「小さな積み重ね」こそ、優れたリーダーへの道なので、この点を忘れないでください。「時間や努力の蓄積効果」ということを知らねばなりません。ここが非常に大切な点です。

Chapter 3 How to Become a Creative Person

3 Inspiration Comes As a Result of Your Efforts

You need 99 percent perspiration

Thirdly, adding to that, I will tell you that if you are thinking about creation, creative power, or the secret of creation, you might often think that creation must be "inspirationable." You are firstly apt to think that you need some inspiration from heaven. It's true, of course. It's true. If your thought or ideas contain a lot of inspiration from heaven, they might be very creative in every sort of the word.

But it's not so easy to get inspiration from another world. As Edison said, you need 99

3 努力の果てに
　　インスピレーションが臨む

99パーセントの努力が必要

　以上に加えて、三点目をお話しします。創造、創造力、あるいは創造の秘密を考える際、みなさんは「創造とはインスピレーショナブルなものでなければならない」と思うことが多いだろうと思います。「天上界からのインスピレーション（ひらめき）が必要だ」ということを真っ先に考えがちでしょう。それはもちろん、そのとおりです。それは真実です。あなたの考えやアイデアが天上界からのインスピレーションを数多く含むものであれば、それはまさしく、非常に創造的なものかもしれません。

　しかしながら、あの世からインスピレーションを受けるのは、そう簡単なことではありません。エジ

Chapter 3 How to Become a Creative Person

percent of perspiration when you want to get 1 percent of inspiration, meaning that 99 percent of perspiration will lead you to or let you get 1 percent of inspiration.

Do you understand what I mean? If you want 1 percent inspiration from the heavenly world, you must do good things by yourself or seek for 1 percent heavenly inspiration as the result of 99 percent perspiration. Perspiration, of course, means effort.

It's true through my experience. It's very true. I'm a very inspirationable person, of course. For example, my speech needs no preparation. I can speak in any case, on every theme, about something regarding Buddha's Truth, but there

第3章　創造的人間となるためには

ソンが言ったように、1パーセントのひらめきを得たければ99パーセントの発汗(=努力)が必要なのです。99パーセントの発汗があってこそ、1パーセントのひらめきが得られるのです。

私の言わんとすることがおわかりでしょうか。天上界から1パーセントのインスピレーションを受けたいと思うなら、自分の力でそれにふさわしい行いを重ね、「99パーセントの発汗」の結果として「天上界からの1パーセントのインスピレーション」を求めるのでなければいけません。「発汗」とは、もちろん「努力」という意味です。

私の経験から言って、これはまさに真実です。もちろん、私は非常にインスピレーションを受けやすい人間です。たとえば、私の説法は何の準備も必要としません。どんな場合も、どんなテーマでも、仏法真理に関して何らかの話をすることができます。

exists a lot of indirect, or not so direct, effort every day. This is the real meaning of inspiration. Inspiration comes from heaven, only for such a person who is working every day with a lot of perspiration. So, don't forget about that.

Make time for meditation-like rest

If you are fond of practicing meditation, it's a good thing. We are a religious group, so we recommend meditation, of course. If you continue to do meditation, there will occur or come down to you a good idea from heaven, but before that, you need to make a lot of efforts in daily life and in your daily work at your firm or another place. It's a truth.

しかし、そこには、必ずしも直接的ではない、日々のさまざまな間接的努力が存在しているのです。これがインスピレーションの本当の意味です。インスピレーションとは日々、多くの努力精進を積み重ねているような人だけに、天から降りてくるものなのです。そのことを忘れないでください。

瞑想_{めいそう}的な休息の時間をとる

みなさんが瞑想をするのが好きであるとしたら、それ自体は良いことです。私たちは宗教団体ですので当然、瞑想をお勧めしています。しかし、瞑想し続けるなかで、天上界からの良いアイデアも降りては来るでしょうが、その前提として、日々の生活や会社等での日々の仕事において、多くの努力をしている必要があるというのが真実なのです。

Chapter 3 How to Become a Creative Person

Then, this is the next point. You must work harder and harder, but sometimes you need meditation-like rest or retreat. You must know these two points.

First is, you must be a diligent person and work harder and harder every day, of course. But it will not lead you to become a creative person. If you want to transform yourself into a creative person, you need some kind of rest, or some sort of meditation or retreat time. If these people, who are thinking harder and harder, working harder and harder, and studying harder and harder, take some rest and do meditation, they can expect some inspiration from heaven. I guarantee that.

第3章　創造的人間となるためには

　ここが、次なるポイントです。「一生懸命に働かなくてはいけない」わけですが、ときには、「瞑想的な休息やリトリート（日常生活を離れ、静かに瞑想したり研修を受けたりすること）が必要」なのです。この二つのポイントを知らなくてはいけません。

　まずは勤勉な人間になり、毎日、一生懸命努力する必要があるのは当然です。しかし、それだけでは創造的人間になることはできません。自分を創造的人間に変身させたければ、「ある種の休息」、「瞑想」や「リトリート」の時間をとる必要があります。一生懸命に考え、よく働き、よく勉強している人が休息や瞑想を取り入れるなら、天上界から何らかのインスピレーションが期待できます。そのことは保証します。インスピレーションや創造力を思いつく前には、休息が必要なのです。

Chapter 3 How to Become a Creative Person

You need rest before you devise some inspiration or creative power.

4 Having Sacred Desire is the Starting Point

In addition to that, I will teach you about another thought, "Inspirational people are apt to start from some kind of sacred desire." "Sacred desire" sounds different to the people who are living nowadays. Desire, of course, is your imagination of how you should be in the near future. It's easy to imagine, and such sort of books are sold at a lot of bookstores all over the world. But it's not enough. It's not enough.

4 「聖なる願い」から始める

　さらに申し上げておきたい考え方は、「インスピレーション型の人間は、出発点において、何らかの『聖なる願い』を持っていることが多い」ということです。聖なる願いというのは、現代に生きる人たちにとっては変わった響きに聞こえるでしょうが、願いとは、「自分は近い将来、どうあるべきか」を想像するということにほかなりません。想像する（イメージする）のは簡単なことであり、その手の本は世界中の書店で売られてはいますが、それだけでは

Chapter 3 How to Become a Creative Person

Imaginative power, of course, produces some kind of result. That's imaginative power. But beyond that imaginative power, we need a sacred desire. If you don't have a sacred desire, you can attract a lot of things, including good things and bad things. The law of the mind attracts everything in the mental world, so you must be sacred in your mind. It means, don't think about yourself too much. Your imaginative world of the future must include a sacred desire or sacred design of the world.

This is the starting point of a religious person. So, if you want to be a religious person, want to

第３章 創造的人間となるためには

十分ではありません。十分ではないのです。

　想像力は当然、何らかの結果を生みます。想像力とはそういうものであるわけですが、私たちには、その想像力を超えたところの「聖なる願い」が必要なのです。聖なる願いを持っていなければ、さまざまなものを引き寄せてしまい、そこには善いものも悪いものも含まれています。心の法則は、心の世界にあるものならどんなものでも引き寄せてしまうので、心の中に聖なる思いを持っていなければなりません。それはすなわち、「自分のことばかり考えすぎてはいけない」ということです。あなたが想像する未来の世界は、「聖なる願い」、「世界についての〝聖なるデザイン〟」を含んでいなければなりません。

　ここが、宗教を信じる人々の出発点です。宗教的な人間となって、天上界から良きインスピレーショ

get good inspiration from heaven, and want to be empowered with the creative power of God or high spirits, you must begin your work from a sacred desire. Sacred desire includes some kind of abandonment of your earthly desire. You must focus on real important things.

5 Focus On Your Strong Point

The last thing is focusing. If you want to be creative, you must be a person who can focus on the most important thing. Focusing is the royal road to success. Of course, there might be a very talented person who has a lot of abilities. There might be such kind of people. We must bless

ンを受け、神あるいは高級霊の創造力をその身に受けんとするならば、自らの仕事を「聖なる願い」から始めなくてはなりません。「聖なる願い」には、この世的な欲を捨てるといったことも含まれます。本当に大切なことだけに集中しなければならないのです。

5　一つの「強み」に集中する

この「集中」が、最後のポイントです。創造的になりたければ、最も重要なことに集中することのできる人間にならなくてはいけません。集中こそ、成功の王道です。もちろん、いろいろな能力に恵まれた、非常に才能豊かな人もいるかもしれません。そういう人もいるでしょう。そういう人に対しては祝

Chapter 3 How to Become a Creative Person

them, of course. Don't envy such kind of people, we must bless them.

But almost all of us are not so talented, or instead narrow-talented; we have only one strong point in the end. So, you must find that strong point, focus on it, and throw your every effort into that one strong point of yours. That will lead you to contribute something creative in this world, and you can be a power of this world and Happy Science.

So, please remember these things I said today. Some things might be very difficult for you, but I said a lot of things. One thing is, you need a hidden period, and of course, you must make a lot of efforts. You need some sort of rest, or a retreat or meditation period. Don't forget about "99

第3章 創造的人間となるためには

福すべきであり、彼らに嫉妬(しっと)してはいけません。

　しかし、ほとんどの人は、そこまで多くの才能はなく、才能が限られており、最終的には強みは一つしかないので、その強みを見つけ、それに集中し、その一つしかない自分の強みに向けて、あらゆる努力を投入しなければいけません。そうすることで、あなたは創造的なものを生み出すことができ、それによって世界に貢献することができます。世の力となり、幸福の科学の力になることができるのです。

　どうか、本日お話ししたポイントを心に銘記(めいき)しておいてください。難しい部分もあったかもしれませんが、いろいろなことをお話ししました。一つは、雌伏の時期が必要だということです。多くの努力を重ねなければならないのは当然です。ある種の休息、リトリート、瞑想の期間も必要です。99パーセ

Chapter 3 How to Become a Creative Person

percent of perspiration leads you to 1 percent of inspiration." Lastly, focusing on your strong point will make you a very creative person. I said such kinds of things.

ントの努力が1パーセントのインスピレーションにつながることを忘れないでください。最後に、自分の強みに集中することで、あなたは非常に創造的な人間になれるでしょう。以上が本日の話です。

第4章

I Can – The Key to Life's Golden Secrets
（私はできる
——人生を黄金に変える秘密の鍵）

January 16, 2009 at Happy Science General Headquarters, Tokyo
（2009年1月16日　東京都・幸福の科学 総合本部にて）

Chapter 4 I Can – The Key to Life's Golden Secrets

1 "I Can" is a Magical Phrase

"I can" can make you a president or a prime minister

Today, I chose the theme, "I Can – The Key to Life's Golden Secrets." This phrase, "I can," is very familiar to you. Of course, it's a well-known phrase because you've heard a lot of this phrase last year on TV, radio, or some other tools.

This is a phrase, of course, the key to the golden secrets of the President of the United States Barack Obama (at the time of lecture). This phrase, "I can," he used several times: "Yes, I can," "Yes, you can," "Yes, we can," "Yes, we can change, change, change." This is the secret of his success.

第4章　私はできる──人生を黄金に変える秘密の鍵

1 「アイ・キャン」は魔法の言葉

大統領にも総理大臣にもなれる言葉

　今日は「アイ・キャン（I can＝私はできる）──人生を黄金に変える秘密の鍵」というテーマを選んでみました。この「アイ・キャン」という言葉にはみなさん、なじみがあるでしょう。例の有名なフレーズですね。昨年（2008年）、テレビやラジオ等の媒体で何度もこの言葉を聞かれていますので。

　これはアメリカ合衆国の大統領、バラク・オバマ氏（説法当時）の黄金の秘密への鍵となったフレーズです。彼は、この「アイ・キャン」という言葉を何度か使いました。「そう、私はできる」「あなたはできる」「そう、私たちはできる」「そう、私たちは変えられる、変えられる、変えられる」。これが

Chapter 4 I Can – The Key to Life's Golden Secrets

That's all. That's everything. He said nothing other than that.

These are magical words, "I can," "You can," and "We can." You can be the president of the United States, and of course, you can be the prime minister of Japan. If you want to be a president or a prime minister, please use "I can," "We can," or "Yes, we can." Try, try, and try, again, again, and again.

Historically, these are magical words. We, religious people, know well about these words. They have a magical power in them, so you must know the secret. They are the key to life's golden secrets and success.

第4章　私はできる――人生を黄金に変える秘密の鍵

彼の成功の秘訣です。これだけなのです。これがすべてであり、それしか言っていませんでした。

　この、「私はできる」「あなたはできる」「私たちはできる」というのは魔法の言葉です。これでアメリカ合衆国大統領にもなれれば、日本の総理大臣にもなれるのです。大統領や総理大臣になりたいと思ったら、「私はできる」「あなたはできる」「そう、私たちはできる」という言葉を使うことです。繰り返し繰り返し、何度でもやってみることです。

　これは歴史的にも魔法の言葉です。私たち宗教に携(たずさ)わる人間は、この言葉についてよく知っています。魔法の力を持つ言葉なので、その秘密を知らなくてはいけません。これが「人生を黄金に変える秘密への鍵」であり、「成功への鍵」なのです。

Chapter 4 I Can – The Key to Life's Golden Secrets

2 The Key is to Take Control of Your Mind

An airbus incident can be perceived as a miracle

For example, this morning, when I was watching CNN, I just saw a small airbus fall into the Hudson River in New York. When it took off, a flock of geese struck it. Because of the bird strike, the airbus fell down into the river and was floating on it, but a quick rescue by boat saved the lives of more than 150 people. "Immediate rescue," the reporter said.

While I watched TV, I thought about this phrase, "I can." When some people watched this scene on TV, they might have thought that this

第4章 私はできる──人生を黄金に変える秘密の鍵

2 「心のコントロール」が鍵

エアバスの事故も「奇跡」に変えることができる

 たとえば今朝、CNNを見ていると、小さなエアバスがニューヨークのハドソン川に落ちたところが映っていました。エアバスが離陸した後、ガンの群れがぶつかり、そのバードストライクのせいで川に落ちて浮いてしまったのですが、ボートによる速やかな救助のおかげで150人以上の人命が救われました。ニュースでは「迅速な救助」と言っていました。

 私はテレビでそれを見ながら、この「アイ・キャン」という言葉を思い浮かべました。テレビでこのシーンを見て、「年初から縁起でもない。嫌な年だな」

kind of thing happening at the beginning of the new year is bad luck and it's not a good year. But other people will think like foreigners, for example, "Oh, it's good news. I know how cold the Hudson River is in New York in January. It's very cold, almost all of them must or should have died. But the report said that it is believed that almost all of them were saved. It's a miracle." Things are changeable by how you think about them, so be careful. This is the real secret and real key to solve your problems in life.

Shift your mind toward the positive direction

Firstly, I want to ask you, "Please control your mind over how you feel, how you think, and how you judge your daily events, daily occurrences, or

第4章　私はできる──人生を黄金に変える秘密の鍵

と思った人もいるかもしれませんが、外国人風に考えて、「ああ、いいニュースだな。1月のニューヨークのハドソン川の冷たさは半端じゃないから、冷たさのあまり全員死んでしまいそうなものなのに、ほぼ全員が助かったらしいというのだから、奇跡だ」などと思う人もいるでしょう。物事は考え方次第で変わり得るものなので、気をつけなければいけません。まさにここが、人生の問題を解決する秘密であり、鍵なのです。

心を積極的な向きに変える

　まず初めに申し上げたいのは、「日々の出来事、日々に起きることを、どう感じ、どう考え、どう判定するかについて、自分の心をコントロールしてい

Chapter 4 I Can – The Key to Life's Golden Secrets

daily happenings." It's very important. The point is the attitude of your mind, not the objective-minded thinking. It's up to your own mind. What kind of orientation you, yourself, have is very important.

Barack Obama became the president of the United States, and he used "I can," "You can," but you, yourselves, can use these words, "I can." In real life, a lot of people are confronted with difficulties, but at that time, how you control your thinking is very important. It's the key to your golden life, I want to say so.

I, myself, suffered from a lot of difficulties in my younger days. Even now, I confront a lot of

第4章 私はできる──人生を黄金に変える秘密の鍵

ただきたい」ということです。これは非常に大切です。肝心なのは客観的な考え方ではなく、あなたの心の態度です。あなた自身の心にかかっています。自分が、いかなる心の方向性を持っているかということが、非常に大事であるのです。

バラク・オバマ氏はアメリカの大統領になり、「アイ・キャン（私はできる）、ユー・キャン（あなたはできる）」という言葉を使いましたが、この「アイ・キャン」という言葉は、みなさんも使うことができます。現実生活のなかで困難に直面する人は多いでしょう。しかし、そういったときに、いかに自分の思いをコントロールするかが、きわめて大切なことであり、それこそが「黄金の人生を拓くための鍵」であるということを、お伝えしておきたいと思います。

私自身、若いころは、いろいろ困難に遭って苦しみました。今でも多くの困難に直面していますが、

Chapter 4 I Can – The Key to Life's Golden Secrets

difficulties, but at that time, I just stop thinking and change my mind to the positive direction. "Is there any other thinking?" "Is there possibility thinking?" I ask myself, and at that time, I can find several answers.

You, yourself, might have some kind of difficulties, sufferings, or setbacks, but nothing can defeat you if you have strong belief in you. When you believe in God or in Buddha, or believe in your Lord El Cantare, no one can defeat you, so at that time, be strong and use this magical phrase, "I can." It has real power.

第4章　私はできる──人生を黄金に変える秘密の鍵

　そんなとき私は考えることをやめ、心の向きを積極的な方向に変えるのです。「何か違う考え方があるのではないか」「可能性を考えることができるのではないか」と自問すると、答えがいくつか見つかってまいります。

　みなさんにも、何らかの困難や苦しみや挫折があるでしょう。されど、自分のなかに強く信じる気持ちがあれば、あなたを打ち負かせるものなどありません。神や仏、あるいは主エル・カンターレを信じるとき、何者もあなたを敗北させることはできないのです。ゆえに、そんな時こそ強くあってください。そして、この「アイ・キャン」という魔法の言葉を使ってください。この言葉には現実的な力があるのです。

3 What You Think is What You Are

Humans are not material beings, but spiritual beings

Even in the business world, you can use these words. People who have made a great success in their business sometimes use these magical words, "I can." This is a real magic. It depends on what you think a human being is. Is a human being a material being or a spiritual being? It depends on this choice.

If the real human being is not a material thing and is a spiritual being, what you think is what you are. It's a very deep Truth. What you are thinking about all day long is yourself. You are

第4章 私はできる──人生を黄金に変える秘密の鍵

3 あなたが考えていることが、あなた自身である

人間は物質的存在ではなく霊的存在

　この言葉は、ビジネスの世界でも使えます。ビジネスで大きな成功を収めた人は、この「アイ・キャン」という魔法の言葉を使うことがあります。これはまさに魔法であり、「人間とは何であると考えるか」にかかっています。人間は物質的な存在か、それとも霊的な存在か。どちらを選ぶかにかかっているのです。

　人間が本来、物質的存在ではなく霊的存在であるのなら、「あなたが考えていることが、あなた自身である」ということになります。これは非常に深い真理です。あなたが一日中考えていることが、あな

thinking a lot of things every day, but what you are thinking all day long, meaning from morning till midnight, decides what you are.

Do you understand what I'm saying? You must know this real fact. If you understand this fact, you can change yourself and imagine yourself in the future. You can imagine very clearly what you want to be in the future.

This is a real technique of spiritual technique and a magical technique of spiritual technique. You can be what you want to be, so the technique is to just imagine or draw a picture in your mind what you really need, hope, or desire to be in the future.

第4章 私はできる──人生を黄金に変える秘密の鍵

た自身なのです。みなさんは毎日、いろいろなことを考えていますが、「あなたが一日中、朝から夜中まで何を考えているかによって、あなたが何者であるかが決まる」のです。

おわかりいただけるでしょうか。この紛れもない事実を知らなくてはなりません。この事実を理解することができたなら、あなたは自らを変えることができ、未来の自分をイメージすることができます。自分が将来どうなりたいかを非常に明確にイメージすることができるようになります。

これは、霊的テクニックに基づいた実際的なテクニックであり、霊的テクニックからくる魔法のテクニックです。あなたは、なりたい自分になることができます。そのためのテクニックとしては、自分が将来、本当に必要なものや、望むもの、なりたいと願う姿をイメージし、心に描くだけでいいのです。

Chapter 4 I Can – The Key to Life's Golden Secrets

When you confront difficulties, first say, "I can"

People are apt to think of a bad design, a bad future, or an evil future in their mind. I, myself, in my younger days often thought like that. Every time a bad thing came, I felt some kind of a bad future was coming to me, and I hesitated to take a positive action, or sometimes thought over my inferiority complex. "I can't do this. I cannot do this hard work. I cannot overcome this difficult problem." I usually felt like that in my younger days.

But when I found this simple Truth that, "If people really believe and think, as they use that phrase, 'I can,' they can change their future," I, myself, changed myself by these words. When you confront difficulties, please say to yourself, "I can, I can, I can." Never say, "I cannot, I cannot."

第4章　私はできる──人生を黄金に変える秘密の鍵

困難に直面したら、まず「アイ・キャン」と言う

　人は心の中に、「悪い設計図」や「悪い未来」、「悪しき未来」を描いてしまいがちです。私自身も若いころは、よく、そのように考えていました。悪いことが起きるたびに、何か悪い未来が自分にやって来るのではないかと感じ、積極的な行動に出るのを躊躇したり、ときには劣等感に悩んだりしたものです。「これは自分にはできない。自分にはこんな大変な仕事は無理だ。こんな難しい問題を乗り越えることはできない」。若いころは、そのように感じるのが普通でした。

　しかし、「この『アイ・キャン』という言葉を本当に信じ、そう思って使えば、未来を変えることができる」という、この単純な真理を発見したとき、私自身がこの言葉によって自分を変えることができたのです。みなさんが困難に直面したときには、「アイ・キャン、アイ・キャン、アイ・キャン（私はできる、

Chapter 4 I Can – The Key to Life's Golden Secrets

It leads to nowhere, and you cannot succeed in anything. In any case, when you confront difficulties, please say, "I can."

Firstly, "I can." Next, please think about that. Firstly, "I can" or "We can." If you are asked, "Can you speak English?" never say, "I cannot speak English." It's English [*audience laughs*]. If you can say, "I cannot speak English," it's a lie because you spoke English already. So, firstly, you must say, "I can" or "We can."

第4章　私はできる──人生を黄金に変える秘密の鍵

できる、できる)」と自分に言い聞かせてください。決して「できない、できない」とは言わないことです。そんなことを言っても、どうにもなりませんし、何の成功も収めることはできないでしょう。とにかく、困難に直面したら「アイ・キャン」と言ってください。

　まずは「アイ・キャン」です。考えるのはその次にしてください。最初は「アイ・キャン」「ウィー・キャン」からです。「キャン・ユー・スピーク・イングリッシュ？（英語は話せますか）」と聞かれたら、絶対に「アイ・キャノット・スピーク・イングリッシュ（英語は話せません）」と言ってはいけません。それは英語ですから（会場笑）。「アイ・キャノット・スピーク・イングリッシュ」と言えるのなら、すでに英語を話しているので、嘘を言っていることになります。ですから、まずは「アイ・キャン」または「ウィー・キャン」と言わなければいけません。

4 Make Up Your Mind and Design a Beautiful Future

Be brave, and do not fear making mistakes

Next, make effort to study English and try to convey the Truth, or *dendo*. At that time, you will feel a lot of emotions. You might feel some kind of criticism from foreign people. Native English speakers are honest, so they will point out your mistakes, but be brave and don't hesitate. It's not easy for foreign people to speak a foreign language. It's very difficult.

American President Barack Obama is a good speaker, and he is good at making good speeches like Lincoln or Kennedy, it is said so,

4 決意を固め、自分の「美しい未来」を描く

勇気を出し、ミスを恐れない

　次には、頑張って英語を勉強し、真理の伝道をしてみてください。その際に、さまざまな感情をいだくこともあるでしょうし、外国の方から何らかの批判を受けたように感じることもあるかもしれません。英語のネイティブ・スピーカーの人たちは正直なので、あなたのミスを指摘してくるでしょうが、勇気を出すことです。尻込みしないことです。外国人にとって、外国語を話すのは簡単なことではなく、非常に難しいことなのです。

　アメリカの大統領バラク・オバマ氏は演説の名手(めいしゅ)であり、リンカンやケネディのような優れた演説をすると言われていますが、バラク・オバマであって

but even when he makes a speech, he already has a manuscript made. Almost all of the manuscript is written by himself, but some people add some words to the manuscript. Even Mr. Obama needs a manuscript when he makes a short speech for 10 or 20 minutes, but Ryuho Okawa needs no manuscript. I can speak without a manuscript or some kind of preparation. I can speak for an hour because I was born from my mouth first. I have a microchip in my lips [*audience laughs*], so I can speak without a manuscript.

So, be brave. Don't be afraid to make a mistake. Even the American president needs some kind of manuscript, so it's usual for you to feel very difficult to speak English. Don't feel inferiority complex. You are Japanese and you can speak

第4章　私はできる──人生を黄金に変える秘密の鍵

も、演説するときには、すでに原稿ができているのです。彼が自分でほぼ書き上げた原稿に、他の人が少し言葉を足しています。オバマさんでも、十分か二十分の短い演説をするのに原稿が必要なわけです。しかし、大川隆法は原稿を必要としません。私は原稿の類(たぐい)を準備しなくても話すことができます。〝口から先に生まれてきた〟ので、一時間でも話ができるのです。唇(くちびる)にマイクロチップが埋め込まれていますので（会場笑）、原稿なしで話せるのです。

ですから、勇気を出すことです。ミスを恐れないことです。アメリカ大統領であっても原稿等を必要とするぐらいですから、みなさんが英語を話すのが難しいと感じるのは普通のことです。劣等感を持つ必要はありません。みなさんは日本人であり日本語

Chapter 4 I Can – The Key to Life's Golden Secrets

Japanese, so if you can speak English fluently without any preparation, you all are geniuses. You are making efforts to be a genius, so be brave.

If you can change your mind and make up your mind to speak in English, please say to yourself, "Yes, I can, I can, I can, I can, I can," or "We can, we can, we can, we can" every time you have a chance to speak English. These magical words will change you. In the near future, "Yes, you can," I promise.

第 4 章　私はできる──人生を黄金に変える秘密の鍵

を話すわけなので、もし何の準備もなく英語を流暢に話せるとしたら、みなさんは全員、天才です。天才を目指して努力しているわけですから、勇気を出してください。

　あなたが自分の心を変え、英語を話そうと決意することができたなら、英語を話す機会があるたびに、「そうだ、私はできる。できる、できる、できる」あるいは、「私たちはできる。できる、できる、できる」と自分に言い聞かせてください。この魔法の言葉が、あなたを変えてくれるでしょう。近い将来、「そう、あなたは、できる」。私が保証します。

Chapter 4 I Can – The Key to Life's Golden Secrets

Your life is decided by the direction your mind points to

It's the key to life's golden secrets. It's true. I, myself, checked that this is true in these 20 or 30 years, so believe in me. It's true. Life is what you think you are, and life is the direction of your mind. It is your life. It decides your life.

In other words, your burning desire is yourself, so please make up your mind. You must design your future figure, I mean, what you are to be in the near future, your splendid and beautiful future, and it will come to you.

第 4 章　私はできる──人生を黄金に変える秘密の鍵

あなたの心の方向性が人生を決める

　これが、「人生を黄金に変える秘密の鍵」なのです。これは真実です。私自身、この二十年、三十年をかけて、それが真実であることを確認しました。ですから、私の言葉を信じてください。真実なのです。人生とは、あなたが自分をどう考えるかであり、あなたの心の方向性です。それが、あなたの人生であり、あなたの人生を決めるのです。

　言葉を換えれば、あなたの「バーニング・ディザイア（燃えるような願望）」が、あなた自身であるのです。ゆえに、どうか決意を固めてください。自分の将来の姿、すなわち「自分は将来こうなるのだ」という、自分の「立派な未来」、「美しい未来」を描かなければいけません。そうすれば、それがやって来るのです。

Chapter 4 I Can – The Key to Life's Golden Secrets

Get this Truth, "What I can imagine is what I am"

Firstly, please forget that you are made of material things, and please think that you are what you are thinking about. You are the "imaginable" power, or imagining power. You can imagine, and that is what you are.

If you can get this Truth, "What I can imagine is what I am," you will go ahead to become a great man or woman. Angels in heaven know about this Truth, of course. They are good prayers, and their praying for the happiness of other people means that the power of the mind is a real thing, a real being.

第4章 私はできる──人生を黄金に変える秘密の鍵

「私がイメージすることができるものが私である」という真理をつかめ

まずは、「自分は物質からできている」ということを忘れてください。そして、「自分とは、自分が考えているところのものである」と思ってください。あなたとは「想像する力」、「イメージする力」です。あなたはイメージすることができ、それが、あなたであるのです。

この、「私がイメージすることができるものが私である」という真理をつかんだならば、あなたはさらに前進し、素晴らしい男性、素晴らしい女性になっていくことでしょう。天上界の天使たちも、この真理を当然、知っています。彼らは良き祈り手であり、彼らが他の人々の幸福を祈るその行為は、「心の力は現実のものであり、実在である」ということを意味しているのです。

Chapter 4 I Can – The Key to Life's Golden Secrets

So, don't be materialistic and don't be a realist. Be an "imaginable" person, and please always look inside of you and think that you are what you are thinking about. It's the key to life's golden secrets. That's the conclusion of today.

第4章　私はできる──人生を黄金に変える秘密の鍵

　ですから、唯物論者になってはいけません。現実主義者であってはいけません。イマジネーション（想像力）あふれる人となり、常に自己の内を見つめ、「自分とは、自分が考えているところのものである」と思ってください。これが、人生を黄金に変える秘密の鍵であるのです。それが今日の結論です。

Afterword

"Thoughts will realize." Even if you hear this, I'm sure many of you will think that there are already so many books that talk about this.

However, I want you to read this book very carefully. This book reveals to you about "awareness as a child of God," "the importance of self-help," and "the secret to becoming a creative person."

It is not so easy to master the teaching that has both "faith in God" and "the laws of cause and effect."

In Japan, I am guiding a political party called "The Happiness Realization Party," but many of the voters lack "faith in God" and hate "self-help."

あとがき

「思いは実現する」と言われても、そんな本はいくらでもあるじゃないかと思う人も多かろう。

しかし、注意深く本書を読み込んでほしい。本書には「神の子としての自覚」「自助努力の大切さ」「創造的人間になるための秘密」などが明かされている。
「神への信仰」と「原因・結果の法則」を両立させる教えは、そんなに簡単にはマスターできるものではない。
私は、日本で『幸福実現党』という政党も指導しているが、投票者の多くは、「神への信仰」もなければ、「セルフ・ヘルプ」も大嫌いだ。民主

Most of them think the function of democracy is to scatter tax money to the people. Even this single book is spiritual enough that people living materialistically cannot appreciate its truth. I hope a spiritual revolution will occur through this book.

Aug. 22, 2019
Master & CEO of Happy Science Group
Ryuho Okawa

主義を、政府による国民へのお金のバラマキと勘違いしている人が大部分だ。この一冊の本でさえ、十分に精神的で、唯物論的に生きている人たちには、実感できないのだ。本書によって精神革命が起きることを望む。

2019年8月22日

幸福の科学グループ創始者兼総裁

大川隆法

『I Can！私はできる！』大川隆法著作関連書籍

『Think Big!』（幸福の科学出版刊）
『未来の法』（同上）
『創造的人間の秘密』（同上）
『創造の法』（同上）
『青春の原点』（同上）
『アイム・ハッピー』（同上）

I Can！私はできる！ ──夢を実現する黄金の鍵──

2019年 9月 4日	初版第1刷	
2025年 1月17日	第5刷	

著　者　　大　川　隆　法

発行所　　幸福の科学出版株式会社

〒107-0052　東京都港区赤坂2丁目10番8号
TEL(03)5573-7700
https://www.irhpress.co.jp/

印刷・製本　　株式会社 堀内印刷所

落丁・乱丁本はおとりかえいたします
©Ryuho Okawa 2019. Printed in Japan. 検印省略
ISBN 978-4-8233-0106-3 C0030
p.13,53,95,131 Vitaly Zorkin/Shutterstock.com
装丁・写真（上記・パブリックドメインを除く）© 幸福の科学

大川隆法ベストセラーズ・心の力で未来を拓く

Think Big!
未来を拓く挑戦者たちへ

志を掲げ、勇気を奮い立たせ、人生のあらゆる困難に打ち克て！ そして、この国の未来を切り拓け！ その成功の鍵が、この一冊にある。

1,650 円

アイム・ファイン
自分らしくさわやかに生きる7つのステップ

この「自己確信」があれば、心はスッキリ晴れ上がる！ 笑顔、ヤル気、タフネス、人間の魅力を磨き続けるための7つのステップ。

1,320 円

繁栄思考
無限の富を引き寄せる法則

豊かになるための「人類共通の法則」が存在する。その法則を知ったとき、あなたの人生にも、繁栄という奇跡が起きる。繁栄の未来を拓く智慧がここにある。

2,200 円

希望の法
光は、ここにある

希望実現の法則、鬱からの脱出法、常勝の理論などを説き、すべての人の手に幸福と成功をもたらす、勇気と智慧と光に満ちた書。

1,980 円

幸福の科学出版

大川隆法ベストセラーズ・セルフ・ヘルプの精神を学ぶ

なお、一歩を進める

厳しい時代を生き抜く「常勝思考の精神」

「一歩、一歩を進める」ということを、努力の目標としてやっていく──。全世界の幸福のために3200書以上を世に送り出している幸福の科学総裁が説く「不屈の人生論」。

2,200円

私の人生論

「平凡からの出発」の精神

「『努力に勝る天才なし』の精神」「信用の獲得法」など、著者の実践に裏打ちされた「人生哲学」──。人生を長く輝かせ続けるための深い智慧が明かされる。

1,760円

自助論の精神

「努力即幸福」の境地を目指して

運命に力強く立ち向かい、「努力即幸福」の境地へ──。嫉妬心や劣等感の克服、成功するメカニカルな働き方等、実践に基づいた珠玉の人生訓を語る。

1,760円

自分を鍛える道

沈黙の声を聞き、本物の智慧を得る

成功を持続させる極意がここに。本書の題名どおり、「自分を鍛える道」そのものの人生を生きてきた著者が明かす、「知的生産」の源泉と「創造」の秘密。

1,760円

※表示価格は税込10%です。

大川隆法ベストセラーズ・創造的人間になるために

創造的人間の秘密

無限の可能性を引き出し、AI時代に勝ち残る人材になるための、「創造力」「知的体力」「忍耐力」の磨き方が分かる成功論。新しい未来を創造し、切り拓いていくために。

1,760円

創造する頭脳

人生・組織・国家の未来を開くクリエイティビティー

最新の世相・時局を自由自在に読み解きつつ、いかなる局面からも「成功」への道を見つけ出す発想法を指南！ 現代を生き抜くための「実践兵法」をあなたへ。

1,650円

創造の法

常識を破壊し、新時代を拓く

斬新なアイデアを得る秘訣、究極のインスピレーション獲得法など、仕事や人生の付加価値を高める実践法を説く。

1,980円

大川総裁の読書力

知的自己実現メソッド

幸福の科学総裁の「創造の秘密」にインタビューで迫る。実践・知的読書術や、知的生産法、努力の習慣が身につく語学の勉強など、知的自己実現のヒントを公開。

1,540円

幸福の科学出版

大川隆法ベストセラーズ・付加価値ある仕事をするために

若い人の仕事術入門

求められる人材になるための心構え

プロを目指すあなたに届けたい。仕事の基本から経営論まで、大川隆法総裁が実体験に基づき分かりやすく解説する、激動の時代を生き抜くための仕事術入門。

1,760 円

仕事への言葉

あなたを真の成功へと導く仕事の極意が示された書き下ろし箴言集。新入社員から社長まで、ビジネスや経営を通して心豊かに繁栄するための 100 のヒント。

1,540 円

仕事と愛

スーパーエリートの条件

仕事と愛の関係、時間を生かす方法、真のエリートの条件──。若手から管理職、経営者まで、すべてのビジネスパーソンに贈る仕事への指針。

1,980 円

経営者マインドの秘密

あらゆる難局を乗り切る経営戦略

「徳あるリーダーとなる要諦」から「富を創出するための考え方」まで、激動の時代のなかでも組織を強くする「経営の勘所」とは。あらゆる難局を乗り切る経営戦略が示される。

11,000 円
（函入り）

※表示価格は税込10％です。

大川隆法ベストセラーズ・青春をどう生きるか

青春の原点
されど、自助努力に生きよ

英語や数学などの学問をする本当の意味や、自分も相手も幸福になる恋愛の秘訣など、セルフ・ヘルプの精神で貫かれた「青春入門」。

1,540円

青春マネジメント
若き日の帝王学入門

生活習慣から、勉強法、時間管理術、仕事の心得まで、未来のリーダーとなるための珠玉の人生訓が示される。著者の青年時代のエピソードも満載!

1,650円

知的青春のすすめ
輝く未来へのヒント

夢を叶えるには、自分をどう磨けばよいのか?「行動力をつける工夫」「高学歴女性の生き方」など、Q&Aスタイルで分かりやすく説き明かす。

1,650円

青春に贈る
未来をつかむ人生戦略

自分の心を鍛え、優れた人物になるための心得や、自らの天命を見極めるためのアドバイスなど、人生における成功の秘訣を端的に示した、青春の書。若者よ、眠ってはいけない!

1,602円

幸福の科学出版

大川隆法ベストセラーズ・自他ともに幸福になる人生を

自も他も生かす人生

あなたの悩みを解決する「心」と「知性」の磨き方

自分を磨くことが周りの人の幸せにつながっていく生き方とは？ 悩みや苦しみを具体的に解決し、人生を好転させる智慧がちりばめられた一冊。

1,760円

幸福の法

人間を幸福にする四つの原理

幸福とは、いったい何であるか――。幸福の科学入門を真っ向から目指した基本法。愛・知・反省・発展の「幸福の原理」について、初心者にも分かりやすく説かれた法シリーズ第8巻。

1,980円

真理学要論

新時代を拓く叡智の探究

多くの人に愛されてきた真理の入門書。「愛と人間」「知性の本質」「反省と霊能力」「芸術的発展論」の全4章を収録し、幸福に至るための四つの道である「現代の四正道」を具体的に説き明かす（2024年10月改訂新版）。

1,870円

新・心の探究

神の子人間の本質を探る

心の諸相、心の構造、浄化法、心の持つ力学的性質、心の段階、極致の姿など、人間の「心」の実像をさまざまな角度から語った、心の探究についての基本書（2023年10月改版）。

1,100円

※表示価格は税込10%です。

大川隆法ベストセラーズ・地球を包む主エル・カンターレの愛

地球を包む愛

人類の試練と地球神の導き

日本と世界の危機を乗り越え、希望の未来を開くために──。天御祖神の教えと、その根源にある主なる神「エル・カンターレ」の考えが明かされた、地球の運命を変える書。

1,760円

真実を貫く

人類の進むべき未来

混迷する世界情勢、迫りくる核戦争の危機、そして誤った科学主義による唯物論の台頭……。地球レベルの危機を乗り越えるための「未来への指針」が示される。

1,760円

メシアの法

「愛」に始まり「愛」に終わる

「この世界の始まりから終わりまで、あなた方と共にいる存在、それがエル・カンターレ」──。現代のメシアが示す、本当の「善悪の価値観」と「真実の愛」。

2,200円

地獄の法

あなたの死後を決める「心の善悪」

どんな生き方が、死後、天国・地獄を分けるのかを明確に示した、姿を変えた『救世の法』。現代に降ろされた「救いの糸」を、あなたはつかみ取れるか。

2,200円

※表示価格は税込10%です。

大川隆法ベストセラーズ・主なる神エル・カンターレを知る

太陽の法
エル・カンターレへの道

創世記や愛の段階、悟りの構造、文明の流転等を明快に説き、主エル・カンターレの真実の使命を示した、仏法真理の基本書。25言語で発刊され、世界中で愛読されている大ベストセラー。

2,200円

永遠の法
エル・カンターレの世界観

すべての人が死後に旅立つ、あの世の世界。天国と地獄をはじめ、その様子を明確に解き明かした、霊界ガイドブックの決定版。

2,200円

永遠の仏陀
不滅の光、いまここに

すべての者よ、無限の向上を目指せ──。大宇宙を創造した久遠の仏が、生きとし生けるものへ託した願いとは。

〔 携帯版 〕 〔携帯版〕

1,980円　1,320円

幸福の科学の本のお求めは、
お電話やインターネットでの通信販売もご利用いただけます。

 フリーダイヤル **0120-73-7707** (月〜土 9:00〜18:00)

幸福の科学出版
公式サイト　[幸福の科学出版] 🔍検索

https://www.irhpress.co.jp

幸福の科学グループのご案内

宗教、教育、政治、出版などの活動を通じて、地球的ユートピアの実現を目指しています。

幸福の科学

1986年に立宗。信仰の対象は、地球系霊団の最高大霊、主エル・カンターレ。世界175カ国以上の国々に信者を持ち、全人類救済という尊い使命のもと、信者は、「愛」と「悟り」と「ユートピア建設」の教えの実践、伝道に励んでいます。　　　　　　　　　　　　（2024年12月現在）

愛　　幸福の科学の「愛」とは、与える愛です。これは、仏教の慈悲や布施の精神と同じことです。信者は、仏法真理をお伝えすることを通して、多くの方に幸福な人生を送っていただくための活動に励んでいます。

悟り　　「悟り」とは、自らが仏の子であることを知るということです。教学や精神統一によって心を磨き、智慧を得て悩みを解決すると共に、天使・菩薩の境地を目指し、より多くの人を救える力を身につけていきます。

ユートピア建設　　私たち人間は、地上に理想世界を建設するという尊い使命を持って生まれてきています。社会の悪を押しとどめ、善を推し進めるために、信者はさまざまな活動に積極的に参加しています。

幸福の科学の教えをさらに学びたい方へ

心を練る。叡智を得る。
美しい空間で生まれ変わる──
幸福の科学の精舎

幸福の科学の精舎は、信仰心を深め、悟りを向上させる聖なる空間です。全国各地の精舎では、人格向上のための研修や、仕事・家庭・健康などの問題を解決するための助力が得られる祈願を開催しています。研修や祈願に参加することで、日常で見失いがちな、安らかで幸福な心を取り戻すことができます。

総本山・正心館

総本山・未来館

総本山・日光精舎

総本山・那須精舎

東京正心館

全国に27精舎を展開

運命が変わる場所──
幸福の科学の支部

幸福の科学は1986年の立宗以来、「私、幸せです」と心から言える人を増やすために、世界各地で活動を続けています。
国内では、全国に400カ所以上の支部が展開し、信仰に出合って人生が好転する方が多く誕生しています。
支部では御法話拝聴会、経典学習会、祈願、お祈り、悩み相談などを行っています。

支部・精舎のご案内
happy-science.jp/
whats-happy-science/worship

海外支援・災害支援

幸福の科学のネットワークを駆使し、世界中で被災地復興や教育の支援をしています。

毎年2万人以上の方の自殺を減らすため、全国各地でキャンペーンを展開しています。

公式サイト **withyou-hs.net**

自殺防止相談窓口
受付時間　火〜土:10〜18時（祝日を含む）

TEL **03-5573-7707**　メール **withyou-hs@happy-science.org**

視覚障害や聴覚障害、肢体不自由の方々と点訳・音訳・要約筆記・字幕作成・手話通訳等の各種ボランティアが手を携えて、真理の学習や集い、ボランティア養成等、様々な活動を行っています。

公式サイト **helen-hs.net**

入会のご案内

幸福の科学では、主エル・カンターレ　大川隆法総裁が説く仏法真理をもとに、「どうすれば幸福になれるのか、また、他の人を幸福にできるのか」を学び、実践しています。

仏法真理を学んでみたい方へ

主エル・カンターレを信じ、その教えを学ぼうとする方なら、どなたでも入会できます。入会された方には、『入会版「正心法語」』が授与されます。入会ご希望の方はネットからも入会申し込みができます。**happy-science.jp/joinus**

信仰をさらに深めたい方へ

仏弟子としてさらに信仰を深めたい方は、仏・法・僧の三宝への帰依を誓う「三帰誓願式」を受けることができます。三帰誓願者には、『仏説・正心法語』『祈願文①』『祈願文②』『エル・カンターレへの祈り』が授与されます。

幸福の科学 サービスセンター
TEL **03-5793-1727**

受付時間／
火〜金:10〜20時
土・日祝:10〜18時
（月曜を除く）

幸福の科学 公式サイト
happy-science.jp

政治　幸福の科学グループ

幸福実現党

内憂外患の国難に立ち向かうべく、2009年5月に幸福実現党を立党しました。創立者である大川隆法党総裁の精神的指導のもと、宗教だけでは解決できない問題に取り組み、幸福を具体化するための力になっています。

 幸福実現党 党員募集中

あなたも幸福を実現する政治に参画しませんか。

＊申込書は、下記、幸福実現党公式サイトでダウンロードできます。
住所：〒107-0052
東京都港区赤坂2-10-8 6階 幸福実現党本部

TEL 03-6441-0754　FAX 03-6441-0764
公式サイト hr-party.jp

 HS政経塾

大川隆法総裁によって創設された、「未来の日本を背負う、政界・財界で活躍するエリート養成のための社会人教育機関」です。既成の学問を超えた仏法真理を学ぶ「人生の大学院」として、理想国家建設に貢献する人材を輩出するために、2010年に開塾しました。これまで、多数の地方議員が全国各地で活躍してきています。

TEL 03-6277-6029
公式サイト hs-seikei.happy-science.jp

教育事業　幸福の科学グループ

ハッピー・サイエンス・ユニバーシティ
Happy Science University

ハッピー・サイエンス・ユニバーシティとは

ハッピー・サイエンス・ユニバーシティ(HSU)は、
大川隆法総裁が設立された「日本発の本格私学」です。
建学の精神として「幸福の探究と新文明の創造」を掲げ、
チャレンジ精神にあふれ、新時代を切り拓く人材の輩出を目指します。

| 人間幸福学部 | 経営成功学部 | 未来産業学部 |

HSU長生キャンパス TEL 0475-32-7770
〒299-4325　千葉県長生郡長生村一松丙 4427-1

| 未来創造学部 |

HSU未来創造・東京キャンパス
TEL 03-3699-7707
〒136-0076　東京都江東区南砂2-6-5　　公式サイト happy-science.university

学校法人 幸福の科学学園

学校法人 幸福の科学学園は、幸福の科学の教育理念のもとにつくられた教育機関です。人間にとって最も大切な宗教教育の導入を通じて精神性を高めながら、ユートピア建設に貢献する人材輩出を目指しています。

幸福の科学学園
中学校・高等学校（那須本校）
2010年4月開校・栃木県那須郡（男女共学・全寮制）
TEL 0287-75-7777　公式サイト happy-science.ac.jp

関西中学校・高等学校（関西校）
2013年4月開校・滋賀県大津市（男女共学・寮及び通学）
TEL 077-573-7774　公式サイト kansai.happy-science.ac.jp

幸福の科学グループ **教育事業**

仏法真理塾「サクセスNo.1」

全国に本校・拠点・支部校を展開する、幸福の科学による信仰教育の機関です。小学生・中学生・高校生を対象に、信仰教育・徳育にウエイトを置きつつ、将来、社会人として活躍するための学力養成にも力を注いでいます。

TEL **03-5750-0751**（東京本校）

エンゼルプランV

東京本校を中心に、全国に支部教室を展開。信仰をもとに幼児の心を豊かに育む情操教育を行い、子どもの個性を伸ばして天使に育てます。

TEL **03-5750-0757**（東京本校）

エンゼル精舎

乳幼児が対象の、託児型の宗教教育施設。エル・カンターレ信仰をもとに、「皆、光の子だと信じられる子」を育みます。
（※参拝施設ではありません）

不登校児支援スクール「ネバー・マインド」　TEL **03-5750-1741**

心の面からのアプローチを重視して、不登校の子供たちを支援しています。

ユー・アー・エンゼル！（あなたは天使！）運動

障害児の不安や悩みに取り組み、ご両親を励まし、勇気づける、障害児支援のボランティア運動を展開しています。

一般社団法人 ユー・アー・エンゼル
TEL **03-6426-7797**

NPO活動支援

学校からのいじめ追放を目指し、さまざまな社会提言をしています。また、各地でのシンポジウムや学校への啓発ポスター掲示等に取り組む一般財団法人「いじめから子供を守ろうネットワーク」を支援しています。

公式サイト **mamoro.org**　ブログ **blog.mamoro.org**
相談窓口 TEL.**03-5544-8989**

百歳まで生きる会〜いくつになっても生涯現役〜

「百歳まで生きる会」は、生涯現役人生を掲げ、友達づくり、生きがいづくりを通じ、一人ひとりの幸福と、世界のユートピア化のために、全国各地で友達の輪を広げ、地域や社会に幸福を広げていく活動を続けているシニア層（55歳以上）の集まりです。

【サービスセンター】TEL **03-5793-1727**

シニア・プラン21

「百歳まで生きる会」の研修部門として、心を見つめ、新しき人生の再出発、社会貢献を目指し、セミナー等を開催しています。

【サービスセンター】TEL **03-5793-1727**

幸福の科学グループ **出版 メディア 芸能文化**

幸福の科学出版

大川隆法総裁の仏法真理の書を中心に、ビジネス、自己啓発、小説など、さまざまなジャンルの書籍・雑誌を出版しています。他にも、映画事業、文学・学術発展のための振興事業、テレビ・ラジオ番組の提供など、幸福の科学文化を広げる事業を行っています。

アー・ユー・ハッピー？
are-you-happy.com

ザ・リバティ
the-liberty.com

ザ・ファクト

YouTubeにて随時好評配信中！

マスコミが報道しない「事実」を世界に伝えるネット・オピニオン番組

公式サイト **thefact.jp**

幸福の科学出版
TEL **03-5573-7700**
公式サイト **irhpress.co.jp**

ニュースター・プロダクション

「新時代の美」を創造する芸能プロダクションです。多くの方々に良き感化を与えられるような魅力あふれるタレントを世に送り出すべく、日々、活動しています。 公式サイト **newstarpro.co.jp**

ARI Production アリ プロダクション

タレント一人ひとりの個性や魅力を引き出し、「新時代を創造するエンターテインメント」をコンセプトに、世の中に精神的価値のある作品を提供していく芸能プロダクションです。 公式サイト **aripro.co.jp**